KB166457

기후 위기와
글로벌 그린 뉴딜

First published by Verso, the Imprint of New Left Books
The Climate Crisis and the Global Green New Deal
by Noam Chomsky & Robert Pollin
All rights reserved.

Korean translation © 2020 Hyeonamsa

놈 촘스키
Noam Chomsky

로버트 폴린
Robert Pollin

기후 위기와

글로벌 그린 뉴딜

Climate Crisis and the Global Green New Deal

인류의 생존 매뉴얼

이종민 옮김

현암사

기후 위기와 글로벌 그린 뉴딜
인류의 생존 매뉴얼

초판 1쇄 발행 2021년 6월 15일

지은이		놈 촘스키, 로버트 폴린
옮긴이		이종민
펴낸이		조미현
책임편집		정예인
디자인		정은영
펴낸곳		(주)현암사
등록		1951년 12월 24일 · 제10-126호
주소		04029 서울시 마포구 동교로12안길 35
전화		02-365-5051
팩스		02-313-2729
전자우편		editor@hyeonamsa.com
홈페이지		www.hyeonamsa.com

ISBN 978-89-323-2150-9 03300

차례

머리말

문명사회 이래 인류는 기근과 (홍수, 지진, 화산 폭발 같은) 자연재해, 노예 제도, 전쟁 등 온갖 혹독한 시련과 치명적 위험과 맞닥뜨려왔다. 20세기 전반만 해도 인류는 두 차례 세계대전과 함께 역사상 최악의 대량 학살을 자행하는 정권의 출현을 경험했다. 20세기 후반에도 핵전쟁으로 인한 인류 절멸의 위협이 다모클레스의 칼*처럼 머리 위에 대롱거리는 상황을 헤쳐왔다. 이 책을 펴낸 2020년 4월 세계는 신종 코로나 바이러스 감염증이라는 세계적 대유행병과 이로 인한 경제 붕괴에 직면했다. 코로나19로 얼마나 많은 사람이 목숨을 잃을지 현재로서는 아무도 모른다. 뒤따를 경기 침체가 얼마나 심각할지 역시 아직은 알 수 없다. 여러 징후들을 보면 최소한 2007~09년 금융 위기 수준, 그리고 어쩌면 1930년대 대공황과 맞먹는 위기가 예견된다.

---

* 고대 그리스에서 권력의 유한성에 대한 경고의 의미로 왕의 머리 위에 말총 한 올로 매단 칼

그럼에도 불구하고 인류가 기후변화로 인해 최악의 존재 위기에 직면했다고 볼 만한 근거가 충분하다. 무엇보다 에너지 생산을 위해 석유와 석탄, 천연가스를 태울 때 발생하는 이산화탄소를 비롯한 온실가스가 대기 중에 쌓이면서 세계 모든 지역에서 평균기온이 상승하고 있다. 지구온난화는 폭염과 호우, 가뭄의 증가와 해수면 상승, 생물다양성 감소를 야기한다. 이로 인해 건강과 생계, 식량 안보, 물 공급, 인간 안보*도 영향을 받는다.

다른 한편에서는 기후변화를 부정하는 주장이 상당수 인류에게, 그중에서도 특히 미국에서 강한 영향력을 유지하고 있다. 이는 부분적으로는 지난 수십 년간 화석연료 업계가 끈질기게 펼쳐온 선전 선동과 의도적으로 유발한 혼란 때문이다. '기후변화 부정 최고 사령관Climate-Denier-in-Chief' 격인 도널드 트럼프가 2016년 11월 미국 대통령 선거에서 우여곡절 끝에 힐러리 클린턴을 꺾고 백악관에 입성한 것과도 무관치 않다. 트럼프 대통령은 지구온난화를 "속임수"라고 선언하며, 오바마 정부 당시 미국을 포함한 195개국이 비준한 2015 파리 기후변화협약마저 탈퇴해버렸다.

그러나 지구온난화의 현실을 외면한다고 해서 미지에 대한 공포와 잠재적 실직의 두려움까지 떨쳐버릴 수는 없다. 기후 위기에 효과적으로 맞서기 위한 계획이라면 노동자들이 탄소 제로

---

* 군사적 안보를 넘어 재난·질병·환경 위기 등 안전을 위협하는 모든 요인에 대처하는 안보 개념

경제로 공정하게 이행할 수 있게 해줄 대책을 반드시 포함해야 하는 이유가 바로 여기 있다. 좀 더 구체적으로 말하자면, 폭넓게 논의되는 모든 형태의 그린 뉴딜 프로젝트는 다음 선결 요건들을 포함해야 한다.

1. 온실가스 배출 감축에서 최소한 2018년 '기후변화에 관한 정부 간 협의체IPCC; Intergovernmental Panel on Climate Change'가 설정한 목표, 즉 2030년까지 전 세계 배출량의 45퍼센트를 감축하고 2050년까지 순배출 제로net zero emissions[**]를 달성할 것.

2. 에너지 효율 기준을 급격히 끌어올리고 태양에너지와 풍력을 비롯한 청정 재생 에너지원의 공급도 마찬가지로 급격히 늘림으로써 세계 모든 지역에서 녹색 경제로의 전환을 앞장서 이끌어낼 것.

3. 녹색 경제로의 전환 과정에서 화석연료 관련 산업에 종사하는 노동자를 비롯한 취약 계층이 실업의 고통과 경제적 불안정의 우려에 노출되지 않게 할 것.

4. 지속 가능하고 호혜 평등한 방식으로 경제성장을 추구함으로써, 기후 안정화를 취업 기회 확대와 전 세계 노동자와 빈곤 계

[**] 온실가스를 배출하는 만큼 제거해 순 증가량 0을 유지하는 탄소 중립 상태

층 등 대중의 생활수준 향상이라는 마찬가지로 중요한 목표들과 통합시킬 것.

　이 네 가지 선결 요건을 포함하는 글로벌 그린 뉴딜은 사실 지구 평균기온의 지속적인 상승이 불러올 파멸적 영향을 피하기를 바란다면 선택할 수 있는 유일하게 현실성 있는 해결책이다. 이처럼 일관성 있는 그린 뉴딜 프로그램이 부재한 현실은 2019년 12월 마드리드에서 열린 제25차 유엔 기후변화협약 당사국총회COP25를 비롯해 지금까지 개최된 모든 국제 기후변화 정상회의가 세계를 확실한 기후 안정화의 궤도 위에 올려놓지 못했음을 뜻한다. 큰 관심을 모았던 2015년 제21차 파리 유엔 기후변화협약 당사국총회COP21 역시 소문만 요란한 잔치에 불과했다. 이 같은 태만한 대처로 인해 세계는 이미 산업화 이전 수준보다 1℃ 이상 더워졌고, 이 추세라면 향후 10~20년 내에 산업화 이전 대비 1.5℃까지 평균기온이 상승할 전망이다.

　기후변화를 억제하지 않고 방치할 경우 초래될 파국적 결과들은 놈 촘스키와 로버트 폴린 두 저자의 분석을 통해 이 책에 상세히 기술돼 있다. 놈 촘스키는 잘 알려진 대로 지금까지 반세기 넘게 세계에서 가장 권위 있는 사회 참여 지식인의 자리를 지켜왔다. 그는 현대 언어학의 아버지이기도 하다. 이 분야에서 촘스키가 거둔 연구 성과는 수학과 철학, 심리학, 컴퓨터 과학 등 매우 다양한 분야에 지대한 영향을 미쳤다. 로버트 폴린은 세계적으로 저명한 진보 경제학자로, 평등한 녹색 경제를 위한 투쟁에 10년 넘게 앞장서왔다. 폴린은 다수의 탁월한 저술을 발표하고, 미국의 여러 주와 세계 각국에 그린 뉴딜 프로그램을 도입하기 위한 위탁 연구를 수행하기도 했다. 또 미국 에너지부 자문 위원으로 2009년 오바마 정부가 재생에너지와 에너지 효율 향상을 위한 투자 기금 900억 달러를 포함해 경기 부양책으로 내세운 경기 부양법에 녹색 투자 요소를 추가하는 데 관여했다.

폴린이 이 책에서 소개하는 글로벌 그린 뉴딜 계획은 촘스키의 강력한 지지를 받고 있다. 폴린은 앞서 나열한 글로벌 그린 뉴딜의 네 가지 요건 모두 순전히 기술적·경제적 걸림돌의 관점에서 보면 어렵지 않게 달성 가능하다는 사실을 보여준다. 온갖 기술적·경제적 걸림돌보다 성공을 가로막는 가장 만만찮은 장애물은 전 세계 화석연료 산업이 확립한 거대 기득권과 자원을 물리치는 데 필요한 정치적 의지를 결집하는 일이다.

이 책은 네 개 장으로 구성돼 있다. 1장 '기후변화의 본질'은 지구온난화의 위기를 인류가 과거에 직면했던 다른 위기들과 견주어 보는 것으로 시작한다. 이어 시장 주도의 기후 위기 해결책들이 왜 실패할 수밖에 없는지, 그리고 산업형 농업의 대안이 왜 현실성 있는 기후 안정화 달성에 대단히 중요한지 같은 여러 주요 문제들에 대해 구체적 견해를 제시한다.

2장 '자본주의와 기후 위기'에서는 자본주의와 환경 파괴, 기후 위기의 관련성에 대한 명쾌한 이론적·경험적 논의가 펼쳐진다. 아울러 자본가들의 집요한 이윤 추구 열망이 기후 안정화라는 지상 명제와 어떤 식으로든 조화를 이룰 수 있을지에 대한 귀중한 통찰도 제공한다. 이 장에서는 또 정치적 행동이 왜 지금까지 기후 위기 해결에서 의미 있는 진전을 이뤄내지 못했는지 그 이유를 진단한다.

3장 '글로벌 그린 뉴딜'에서는 녹색 경제로의 성공적 전환에 필요한 계획을 설명한다. 폴린이 글로벌 그린 뉴딜의 구체적 내용과 재원 조달 방안을 개략적으로 소개하고, 이 계획이 지난 40년간 글로벌 신자유주의 물결 아래 만연한 불평등에 맞설 보루가 될 수 있는 방안도 제시한다. 폴린은 또한 유럽 그린 딜European Green Deal이라고 이름 붙인 유럽연합의 자체 계획에 대한 비판적 평가도 제시한다. 이어 촘스키가 지구온난화의 파멸적 영향으로 글로벌 사우스Global South*에 사는 수백만 명의 사람들이 글로벌 노스Global North**의 고소득 국가로 이주를 시도하는 악몽 같은 시나리오를 살펴보는 것으로 장을 매듭짓는다.

마지막 4장의 제목은 '지구를 구하는 정치 결집'이다. 이 장에서는 기후 위기가 전 세계 힘의 균형에 영향을 미칠 가능성과 함께, 녹색 미래를 만들어내기 위한 투쟁에서 생태사회주의가 시민을 결집하는 정치 이데올로기적 비전이 될 수 있을지, 그리고 기후 변화와 2020년 세계를 휩쓴 코로나19 대유행병의 연관성

---

* 아시아, 아프리카, 남미 등 주로 남반구에 위치한 개발도상국
** 유럽, 북미, 동북아 등 주로 북반구에 위치한 산업화된 선진국

은 무엇인지 등의 문제를 다룬다. 이 장에 영감을 불어넣는 핵심 질문은 더할 나위 없이 간단하다. 글로벌 그린 뉴딜을 위한 정치 결집을 성공적으로 이끌어내기 위해서는 무엇을 해야 할까?

독자 여러분이 손에 쥔 이 작은 책은 매우 중요하다. 이 책에는 학자와 활동가는 물론 비전문가인 일반인까지 모두가 깊이 생각할 거리가 담겨 있다. 물론 이 책은 세계 전역의 모든 수준의 사회 집단에 이를 때까지 지속적으로 확대돼야 할 대중 담론을 위한 작은 기여에 불과하다. 그 같은 세계적 담론을 조금씩이라도 꾸준히 이어가는 것이야말로 우리 모두가 다음 세대를 위해 해야 할 최소한의 노력이다. 이런 점을 고려해볼 때 우리 모두가 어떻게 하면 지구를 구할 수 있을지를 대중에게 알리기 위한 이 여정에 함께할 수 있게 허락해준 놈 촘스키와 로버트 폴린에게 진심 어린 감사를 표한다.

2020년 4월
대담 진행자 C. J. 폴리크로니우

1

기후변화의 본질

최근 20~30년 사이에 기후변화 문제는 어쩌면 인류가 직면한 가장 심각한 존재 위기이자 세계 각국 정부에 가장 까다로운 공적 쟁점으로 떠올랐습니다. 촘스키 교수님은 현재까지 파악된 내용들을 고려할 때, 인류가 과거에 직면했던 다른 위기들과 비교해 기후변화 위기를 어떻게 개괄하시겠습니까?

놈 촘스키 오늘날 인간이 인류 역사에 대두된 그 어떤 문제와도 근본적으로 다른 엄청난 난제에 직면했다는 사실을 외면할 수는 없습니다. 인간 사회가 어떤 형태로든 존속할 수 있을지 답해야 합니다. 더는 미루지 않고 해답을 내놓을 때가 됐습니다.

우리 앞에 놓인 과제는 진정 전례가 없고 또 절박합니다. 역사는 잔혹한 전쟁과 형언하기 힘든 고문, 대학살을 비롯해 상상할 수 있는 온갖 기본권 유린 행위들로 점철돼왔지만, 인류가 식별 가능하거나 용인 가능한 어떤 형태로도 존재하지 못하고 송두리째 파괴당할 위험은 전혀 새로운 차원의 문제입니다. 이를 극복할 수 있는 유일한 길은, 물론 능력에 맞게 책임을 나눠야겠지만 전 세계가 공동의 노력을 기울이면서, 지난 수 세기에 걸쳐 인류 전체에 암울한 운명의 그늘을 드리우며 부를 축적해 위기를 만들어낸 장본인들에게 특별한 책임을 지우는 기본적 도덕률을 확립하는 것입니다.

이런 문제가 극명하게 드러난 것이 1945년 8월 6일입니다. 히로시마에 투하된 원자폭탄은 참혹한 결과에도 불구하고 그 자체로는 인간의 생존을 위협하지 않았지만, 판도라의 상자가 열리면서 기술 발전이 곧 끔찍한 지경에 이를 것이라는 사실이 명백해졌습니다. 1953년 수소폭탄의 버섯구름이 피어오르며 그 같은 전망이 현실화됐죠. 이로 인해 미국 핵과학자협회Bulletin of Atomic Scientists가 발표하는 '운명의 날 시계Doomsday Clock'가 지구 종말을 뜻하는 자정에 불과 2분 전으로 당겨졌습니다. 이 협회는 훗날 트럼프 미국 대통령 임기 첫해가 끝나자 이듬해를 '새로운 비정상new abnormal'이라고 지칭하며 시계를 다시 11시 58분의 끔찍한 상황으로 되돌렸습니다.[1] 하지만 이는 시작에 불과했습니다. 트럼프 대통령의 탁월한 지도력 덕에 2020년 1월에 시계는 그 어느 때보다 자정에 가까워졌습니다. 자정 100초 전이 되며 카운트다운이 분 단위에서 초 단위로 바뀐 것이죠. 암울한 기록을 일일이 되짚어보지는 않겠지만, 누구라도 그렇게 해보면 인류가 지금까지 생존한 것만도 기적에 가깝고, 자기 파괴를 향한 경쟁이 날이 갈수록 가속화하고 있다는 사실을 깨닫게 될 겁니다.

최악의 상황을 면하기 위한 노력들이 없었던 것은 아닙니다. 그 가운데 일부는 성공을 거두기도 했죠. 대표적인 예가 네 차례의 주요 군축 협정인 탄도탄요격미사일조약ABM, 중거리핵전력조약INF, 영공개방조약Open Skies, 신전략무기감축협정New START입니다. 하지만 아들 부시 행정부가 2002년 ABM 조약에서 탈퇴한

데 이어, 트럼프 행정부도 2019년 8월 히로시마 원폭 투하 기념일 즈음에 INF 조약에서 탈퇴했습니다. 트럼프 정부는 영공개방 조약과 신전략무기감축협정까지 파기하겠다는 뜻도 내비쳤습니다.[2] 그렇게 되면 모든 빗장이 풀려 지구 종말 전쟁으로 치달을 수도 있습니다.

완전한 광기에 이런 단어를 써도 좋을지 모르겠지만, 보편적 '추론'은 미국이 INF 조약에서 탈퇴하면 뒤이어 러시아도 INF에서 발을 뺄 것이 불 보듯 뻔하다는 것입니다. 이 주요 조약은 1987년 레이건과 고르바초프가 협상을 타결 지으며, 세계대전으로 급속 확산해서 지구 종말로 이어질 수 있는 유럽에서의 전쟁 발발 위험을 크게 감소시켰습니다. 언론은 러시아가 협정을 위반했다는 미국의 주장은 단골로 다루면서도 조약을 위반한 장본인은 미국이라는 러시아의 주장에는 침묵으로 일관했지만, 미국 과학자들은 이를 진지하게 받아들여 권위 있는 핵과학자협회가 이를 자세히 분석한 주요 논문을 발표하기도 했습니다.[3]

제정신이 박힌 세상이라면 양측이 외교적 노력을 기울여 외부 전문가를 초빙해 상호 주장을 검증하고 이를 통해 타협점을 찾을 겁니다. 1987년 레이건과 고르바초프가 그랬던 것처럼 말이죠. 하지만 미쳐 돌아가는 세상에서는 조약을 파기하고 양측 모두 아무 생각 없이 극초음속 미사일처럼 현재로서는 방어책을 상상조차 할 수 없는 훨씬 더 위험하고 파괴적인 신무기 개발에 매달립니다(주요 무기 체계를 막을 방어책이 있다면 그 프로젝트가 수

상쩍은 겁니다).

이것이 바로 지금 우리가 사는 세상입니다.

INF 조약과 마찬가지로 영공개방조약도 공화당 주도로 체결한 협정입니다. 처음 제안한 사람은 아이젠하워 전 대통령이었고, 이를 실행에 옮긴 것은 조지 H. W. 부시(아버지 부시) 전 대통령입니다. 당시는 뉴트 깅리치Newt Gingrich*가 전면에 나서기 이전으로, 그때까지만 해도 공화당은 아직 분별력 있는 정치 조직이었습니다. 미국기업연구소American Enterprise Institute**의 저명한 두 정치평론가 토머스 만Thomas Mann과 노먼 온스타인Norman Ornstein은 깅리치가 주도권을 잡은 1990년대 이후 공화당은 정상적인 정당이 아니라 의회 정치를 포기하다시피 한 '급진적 반정부 단체'로 전락했다고 말합니다.[4] 미치 맥코넬Mitch McConnell*** 지도하에 상황은 더욱 악화됐지만, 정계에 그를 지지하는 우군이 많은 상황입니다.

INF 조약 파기는 군축 분야 외에는 별다른 반향을 불러일으키지 않았지만, 모두가 모른 척 외면하는 것은 아닙니다. 세계를 송두리째 파괴할 수단을 개발하기 위한 거액의 신규 계약 체결에 군수업계가 기쁨을 감추지 못하는 가운데, 일부 업체는 한발 더 앞서 이제는 아무런 제약 없이 개발할 수 있게 된 가공할 신

---

 * 강성 보수 성향을 앞세워 1995년 공화당 소속으로는 40년 만에 하원의장에 오른 인물
 ** 미국의 대표적 보수 우파 싱크탱크
 *** 상원 공화당 원내대표

무기들에 대항할 (거의 현실성 없는) 방어 수단 개발을 위한 막대한 규모의 계약까지 따내려고 장기 계획을 세우고 있습니다.

트럼프 정부는 INF 조약을 파기하자마자 곧바로 이를 과시했습니다. 채 2주도 지나지 않아 미 국방부는 INF 조약에 저촉되는 중거리 미사일 발사 성공 사실을 짤막하게 발표함으로써, 결과가 불 보듯 뻔한데도 다른 나라들도 신무기 경쟁에 뛰어들라고 사실상 초대장을 보냈습니다.[5]

윌리엄 페리 전 미 국방장관은 오랜 세월 핵 문제를 다뤄온 데다 과장된 미사여구에 현혹되는 법이 없지만, 얼마 전 "두려움을 느낀다"고, 전쟁 위협이 증가하는데도 불구하고 그 위협이 거의 관심을 끌지 못한다는 사실에 두 배로 두려움을 느낀다고 밝혔습니다. 자신들의 행동이 얼마나 끔찍한 결과를 빚어낼지 뻔히 아는 사람들의 손에서 인류의 영원한 절멸을 향한 경주가 벌어지고 있다는 사실까지 더하면 사실 우리는 세 배로 두려움을 느껴야 마땅합니다. 이들이 생명체가 발붙이고 살 수 있는 환경을 파괴하기 위해 기울이는 온갖 행위들 역시 두렵기는 마찬가지입니다.

상황은 결코 단순하지 않습니다. 특히나 트럼프 정부가 끔찍하고 위험하기는 하지만, 정책 입안자들에게 국한된 문제가 아닙니다. 화석연료를 캐내는 데 자금을 쏟아붓고 있는 대형 은행들과, 철저히 억제하지 않을 경우 인류를 파멸시킬 물질의 생산에서 미국이 선두로 나서게 이끈 경이적 신기술에 대해 '기후'라

는 끔찍한 단어는 일절 언급하지 않고 찬양 일색의 기사를 쏟아
내는 주요 언론사들도 문제입니다.

외계의 지적 생명체를 찾아 나선 과학자들은 페르미 역설*에
이끌려왔습니다. 도대체 외계인은 어디에 있을까요? 천체물리학
자들에 따르면 지구가 아닌 다른 곳에도 지적 생명체가 존재해
야 마땅합니다. 아마 맞는 말일 겁니다. 우주에는 정말로 지적 생
명체가 존재하기 때문에, 지구라는 행성에 사는 별난 거주자들
을 발견하고는 이들과 멀찌감치 거리를 둬야겠다고 생각할 만큼
분별이 있는 것인지도 모릅니다.

이쯤에서 인류 생존의 두 번째 중대한 위협인 환경 재앙에 대
해 계속 살펴봅시다. 당시에는 인식하지 못했지만 제2차 세계
대전 전후 초기는 인류 생존의 두 번째 위협에서 전환점이 됐
습니다. 지질학자들은 보통 제2차 세계대전 전후 초기를 인류
세Anthropocene의 시작으로 간주합니다. 인류세는 인간의 활동이
환경에 심대하고도 파괴적인 영향을 미치고 있는 새로운 지질
연대로, 가장 최근에는 2019년 5월 국제층서학회 인류세 실무
그룹이 이를 공식 확인한 바 있습니다.[6] 이제는 환경 재앙 위협
의 심각성과 절박함을 알려주는 증거가 차고 넘쳐, 곧 살펴보겠
지만 극단적 기후변화 부정론자들조차 조용히 이를 인정하고 있
습니다.

---

* 논리적으로는 우주에 수많은 외계 문명이 존재해야 마땅하지만 인류 앞에 어
  떤 외계인도 모습을 드러내지 않는 상황

핵전쟁과 기후변화, 이 두 존재 위기는 서로 어떤 관련이 있을까요? 호주의 기후학자 앤드루 글릭슨이 내놓은 답은 간단합니다. "전 지구적 비상사태에 대처하는 일은 이제 더 이상 기후학자만의 몫이 아니며 국방 분야에까지 영향을 미치고 있지만, 그럼에도 세계는 여전히 해마다 1조 8000억 달러에 달하는 돈을 군사비로 지출하고 있다. 이는 지구상의 생명체들을 보호하는 데 투입돼야 할 재원이다. 중국해와 우크라이나, 중동에서 심각한 분쟁이 발생할 징후가 커지는 상황에서 지구는 누가 지켜낼 것인가?"[7]

물론 기후학자들은 면밀하게 주의를 기울이며 솔직하고 분명한 경고를 내놓고 있습니다. 2018년 IPCC가 발간한 섬뜩한 내용의 보고서(이후로 더욱 다급한 경고들에 묻혀버리긴 했지만)에서 주 저자 레이몬드 피에르험버트Raymond Pierrehumbert 옥스퍼드대학교 물리학 교수는 다음과 같은 말로 현재 상황과 향후 선택에 대한 논평을 시작합니다. "이 문제를 즉각 논의의 장에 올리자. 점잔 빼는 말들은 집어치우고. 기후 위기에 관해서라면 바로 지금이 경종을 울릴 때가 맞다. (…) 지금 우리는 심각한 위기에 처했다." 그는 이어 세부적인 내용들을 신중하고 면밀하게 제시하고, 가능한 기술적 해결책과 그 해결책이 안고 있는 매우 심각한 문제점을 짚어본 뒤, "플랜B는 없다"고 결론 내립니다.[8] 우리는 탄소 중립으로 나아가야 하며, 그것도 지체하지 말고 행동에 나서야 합니다.

현실을 완전히 외면하지만 않는다면 기후학자들의 깊은 우려를 접하는 것은 어려운 일이 아닙니다. 2019년 추수감사절 무렵 CNN은 지구온난화가 초래할 엄청난 결과들을 되돌릴 수 없게 되는 시점인 한계점tipping points에 관해 《네이처》에 막 게재된 중요한 논문에 대해 상세하고도 정확하게 보도했습니다. 논문의 저자들은 여러 한계점과 이들이 일으킬 상호작용을 고려할 때 "우리는 지금 기후 비상사태에 직면했으며, 올해 들어 즉각적인 기후 행동climate action을 요구하는 목소리가 더욱 커지고 있다.(…) 상황의 위험성과 심각성은 중차대하며 (…) 지구의 안정성과 회복력은 위기에 처했다. 말잔치에 그칠 것이 아니라 국제사회 차원의 행동이 이 상황을 반영해야 한다"고 결론 내렸습니다.[9]

나아가 저자들은 "대기 중 CO_2 농도가 이미 400만 년 전 플라이오세Pliocene epoch 수준까지 상승했으며, 산업화 이전 시기보다 기온이 14℃나 높았던 약 5000만 년 전 에오세Eocene 수준까지 빠르게 치솟고 있다"고 경고했습니다. 더구나 과거에는 매우 오랜 기간에 걸쳐 일어났던 일들이 이제는 인간 행동에 의해 불과 수년 만에 압축적으로 진행되고 있습니다. 저자들은 기존의 전망도 충분히 암울하지만 한계점이 일으킬 결과까지 고려하지는 못했다고 덧붙였습니다.

저자들이 내린 결론은 다음과 같습니다. "결정적 변화를 막아낼 수 있는 남은 개입 시간이 이미 0으로 줄어버렸는지도 모르지만, 탄소 중립 달성에 필요한 대응 시간은 짧아야 30년이다. 따라서 인류는 결정적 변화의 발생을 막아낼 통제력을 이미 상실했는지도 모른다. 불행 중 다행이라면 결정적 변화가 초래할 피해와 이로 인해 야기될 위험들이 어느 정도까지는 여전히 인간이 통제 가능한 수준일 수도 있다는 점이다."

통제 가능한 것도 어느 정도까지에 불과하며, 더는 우물쭈물할 시간이 없습니다.

한편 세계는 상상할 수 없는 규모의 재앙에 갈수록 가까워지는 상황을 목도하고 있습니다. 현재 우리는 12만 년 전 지구 온도에 위태롭게 접근 중으로, 당시는 해수면이 현재보다 6~9미터나 더 높았을 때입니다.[10] 점점 더 잦아지고 거세지는 폭풍우의 영향으로 그나마 남은 잔해마저 모조리 휩쓸어버릴 가능성은 제쳐두더라도, 정말 믿기 힘든 전망이 아닐 수 없습니다.

12만 년 전과 현재의 차이를 메워버릴지도 모를 많은 불길한 상황 전개 가운데 하나가 남극 대륙 서쪽의 거대 빙하가 녹고 있는 것입니다. 바다 온도 상승으로 일부 지역에서는 빙하 두께가 100미터 넘게 줄어들면서 빙하들이 1990년대보다 다섯 배나 빠른 속도로 바다를 향해 미끄러져 들어가고 있는데, 빙하가 녹는 속도는 10년마다 두 배씩 빨라지고 있습니다. 남극 대륙 서쪽의 빙하가 완전히 녹아 없어지면 해수면이 5미터 가량 상승해 해안 도시들이 물에 잠기고 저지대 평지에 위치한 방글라데시 같은 지역에도 그야말로 끔찍한 영향을 미치게 됩니다.[11]

이는 우리 눈앞에 펼쳐지는 상황에 그나마 주의를 기울이는 사람들이 갖는 많은 우려 가운데 하나에 불과합니다.

기후학자들이 보내는 다급한 경고는 그 밖에도 아주 많습니다. 이스라엘 기후학자 바루크 린케비치Baruch Rinkevich는 전반적인 분위기를 간단명료하게 요약했습니다. "'내가 죽고 난 다음에 홍수가 나든 알 게 뭐람'이라는 속담 같은 상황이 벌어지고 있다. 사람들은 지금 우리가 무슨 얘기를 하는지 정확히 이해하지 못한다. (…) 사람들은 모든 게 변화할 것이라는 사실을 받아들이지 못한다. 우리가 숨 쉬는 공기부터 먹는 음식, 마시는 물, 눈으로 보는 풍경, 바다, 계절, 하루 일과, 삶의 질까지 모든 것들이. 우리 아이들은 적응하거나 아니면 멸종하거나 둘 중 하나를 선택해야만 할 것이다. (…) 내가 걱정할 바 아니다. 다행히 그때 난 세상에 없을 테니까."[12]

린케비치와 그의 이스라엘 동료들이 자국에서 벌어질 가능성이 있는 여러 가지 '공포 시나리오'들을 논한 가운데, 몇몇은 낙관적인 전망을 내놓기도 했습니다. 연구진 중 한 사람은 "이스라엘은 몰디브가 아니므로 당장 물에 잠길 일은 없다"고 말했습니다. 좋은 소식이죠. 하지만 이들 연구진은 "이란과 이라크 그리고 개발도상국 도시들이 버려질 가능성이 매우 높지만, 이스라엘 도시들은 사람들의 거주가 가능할 것"이라며 이 지역의 대부분 땅이 사람이 살 수 없는 곳이 될지도 모른다는 데 대체로 뜻을 모았습니다. 이들은 또 지중해의 기온이 "자쿠지의 최고 허용 온도"인 40℃에 육박할지도 모르며, 그럼에도 불구하고 "인간이

성게나 소라처럼 산 채로 삶아지지는 않겠지만 여름 휴가철이
한창일 때 목숨을 잃을 위험이 있다”고 전망했습니다. 그러니까
가장 낙관적으로 전망하면 주변 지역 전체는 아니더라도 이스라
엘에는 희망이 있다는 얘기입니다.

알론 탈Alon Tal 교수의 다음 견해는 정곡을 찌릅니다. “우리는
지구의 상황을 악화시키고 있다. 이스라엘은 인류의 궁극적 시
련을 두 눈으로 똑똑히 쳐다보면서도 ‘알 게 뭐람’이라고 되뇌어
왔다. 우리 아이들에게는 뭐라고 말할 것인가? 더 높은 삶의 질
을 원했을 뿐이라고? 경제적으로 이익이 되니까 바다에서 천연
가스를 몽땅 캐낼 수밖에 없었다고? 한심한 변명이 아닐 수 없
다. 역사상 사상 중대한 문제, 지중해 유역에는 더더욱 치명적인
문제를 논하고 있는데 이스라엘 정부는 우리가 그야말로 열기에
익어버릴 것이라는 사실에 관심을 갖는 장관 하나 임명하지 못
하고 있다.”[13]

탈 교수의 지적은 적절하며 이는 심히 우려스러운 일입니다.
인간은 도대체 왜 “인류의 궁극적 시련을 두 눈으로 똑똑히 쳐다
보면서도” “한심한 변명”을 받아들이거나 그저 “알 게 뭐람”이
라고 외면할 수 있는 걸까요? 시시각각 닥쳐오는 환경 재앙이 됐
든 아니면 전 인류를 한순간에 절멸시킬 수 있는 새로운 수단을
만들어낼 가능성이 됐든 반응은 매한가지입니다. 인간은 도대체
무엇 때문에 국방비에 1조 8000억 달러를 퍼부으면서도—미국
이 압도적 1위를 달리는 분야입니다—“지구는 누가 지킬 것인

가?"라는 질문은 던지지 않는 것일까요?

알론 탈의 견해는 다소 지나친 감이 없지 않습니다. 너무 늦기 전에 행동하기 위해 진지한 노력을 기울이고 있는 국가들이 있으니까요. 그리고 아직은 늦지 않았습니다. 자기 파괴 수단을 더 많이 만들어내려는 광란의 경쟁에 대한 해결책은 적어도 말로는 무척 명백하지만, 이를 행동에 옮기는 것은 또 다른 문제입니다. 그럼에도 다짐을 결연히 실천한다면 임박한 환경 재앙을 완화할 수 있는 시간이 아직 남아 있습니다. 사실을 직시할 수 있다면 분명 불가능한 일이 아닙니다. 1941년 미국은 위협에 직면해 자발적 대중 동원으로 이에 맞섰는데, 그 압도적 규모에 깊은 인상을 받은 나치 독일의 경제 분야 총책임자 알베르트 슈페어Albert Speer는 전체주의 독일조차도 보다 자유로운 사회의 구성원들이 국가적 과제에 자발적으로 응하는 것에 대적할 수는 없다고 한탄했습니다.

일부에서는 기후변화 문제가 엄청나기는 해도 1941년에 맞먹는 부담을 지우지는 않을 것으로 추정합니다. 경제학자 제프리 삭스가 연구를 통해 내린 결론은 다음과 같습니다. "일부의 비판과 달리 탈탄소화decarbonization는 제2차 세계대전에 준하는 미국 경제의 대대적 동원을 필요로 하지 않을 것이다. 탈탄소화에 따른 표준 에너지 비용 증가는 2050년까지 미국 연간 국내총생산GDP의 1~2퍼센트에 달할 전망이다. 이에 반해 제2차 세계대전 기간 동안 연방정부의 지출은 전쟁 전인 1940년 GDP의 10퍼센트 수준에서 43퍼센트까지 치솟았다."[14]

가능성은 열려 있지만, 지금 우리는 잔인한 역사의 아이러니와 맞닥뜨렸습니다. 인류의 '궁극적 시련'에 맞서기 위해 모두가 헌신적으로 힘을 합쳐 행동해야 할 바로 이때 인류 역사상 가장 강력한 국가의 지도자들은 자신들이 무슨 짓을 하는지 잘 알면서도 인류 생존에 대한 쌍둥이 위협을 급격히 악화시키는 데 여념이 없습니다. 이들 국가의 정부는 "기후변화 문제 해결의 필요성을 부인하는 주요 보수 정당들"에 장악된 상태로, 새롭고 더욱 위협적인 대량 살상 무기 개발로 가는 길까지 열어주고 있습니다.[15]

세계의 운명을 손아귀에 쥔 정말 놀라운 3인방은 미국의 국무장관과 국가안보보좌관 그리고 세계의 대부 행세를 하는 보스*입니다. 국제 관계는 거의 분간하기 힘들 만큼 마피아를 빼닮았습니다. 국무장관 마이크 폼페이오는 복음주의 기독교인으로, 이스라엘을 이란으로부터 구원하려고 신이 트럼프 대통령을 세상에 보냈을지도 모른다고 믿을 만큼 정치 분석가로서 명민함이 돋보이는 인물입니다.[16]

2019년 9월 물러나기 전까지(누구 말을 믿느냐에 따라서는 경질되기 전까지) 국가안보보좌관을 맡은 존 볼턴은 자신을 따르는 추종자들을 남겨두고 떠났습니다. 볼턴이 견지한 원칙은 간단합니다. 미국이 행동의 자유를 구가함에 있어 조약이나 국제 협정, 협

---

* 트럼프 전 미국 대통령을 지칭하는 말. 이 책은 트럼프 재임 중에 쓰였다.

약을 막론하고 어떤 외부 제약도 받아들여서는 안 되며, 따라서 모든 국가가 인류를 절멸시킬 수단을 개발할 기회를 최대한 보장받게 해야 한다는 것입니다. 참고로 이 분야의 선두주자는 단연 미국입니다. 볼턴은 또 뻔한 얘기를 대단한 일이라도 되는 양 떠벌여댑니다. 어차피 이란은 어떤 협상에도 동의하지 않을 테니 이란을 폭격해버리자고 말입니다.[17] 행동 지침이자 선전포고이기도 한 이 말을 볼턴은 대담하게도 이란이 포괄적공동행동계획JCPOA; Joint Comprehensive Plan of Action*을 놓고 미국 및 유럽과 협상을 벌이는 와중에 내뱉었습니다. JCPOA는 이후 이란이 핵 활동을 동결한 직후 최종 합의에 도달한 상세한 협정으로, 미 정보 당국을 비롯한 다수가 확인하듯 이란은 엄격하게 준수했지만 보스가 이를 일방적으로 파기해버렸습니다.

보스는 유치한 과대망상증 환자이자 능수능란한 사기꾼으로, 벼랑 끝 몇 발짝 앞에서 작은 빨간 모자를 의기양양하게 흔들며 승자인 체할 수만 있다면 세계가 불타버리든 폭발하든 전혀 개의치 않을 사람입니다.

환경에 대한 트럼프 대통령의 사고는 호화 주택을 갖춘 골프 코스를 지으려던 그의 계획이 인근 지역 상수원을 훼손할 우려 때문에 좌절된 뒤에 여실히 드러났습니다. 트럼프는 환호하

---

* 이란이 핵 개발 프로그램을 포기하는 대가로 UN과 미국, EU의 대對이란 제재를 완화하는 내용을 골자로 미국, 중국, 러시아, 영국, 프랑스, 독일과 체결한 다자간 합의

는 부동산 업자들에게 이렇게 설명했습니다. "새로운 단지를 건설할 계획이었어요. 정말 고급스럽고 아름다운 집들을 지으려고 했죠. 하지만 그 땅에는 지을 수가 없다네요. 여러분은 그게 말이 된다고 생각합니까?" 이런 사람이니 수십 가지 환경 규제를 완화해 온실가스 배출량을 크게 증가시킨 것보다 더 적절한 행동이 있을까요? 트럼프가 폐지한 환경 규제 중에는 "(닉슨 전 대통령 당시 제정된) 미국의 기틀이 되는 환경 법률"도 포함돼 있는데, 이 법률의 폐지로 연방 정부기관들은 "고속도로와 송유관을 비롯한 주요 기반 시설 사업이 환경에 미치는 영향을 평가할 때 기후변화를 더 이상 고려할 필요가 없게" 됐습니다. 이 지경이니 화석연료 사용이 머지않아 지구상에서 인간이 조직화된 삶을 영위할 가능성을 훼손할 것이라는 사실을 뻔히 알면서도 화석연료 사용을 극대화하는 것보다 더 적절한 행동이 있을까요?[18]

전 세계에서 미국만 위기에 직면한 것은 아닙니다. 새해맞이 행사처럼 2020년 벽두부터 호주 대륙이 불타오르면서, 사람들은 기록적인 폭염의 와중에 불어닥친 용광로처럼 이글거리는 열기를 피해 필사적으로 피난길에 올랐습니다. 열렬한 기후변화 부정론자인 호주 총리는 마지못해 휴가를 중단하고 돌아와 고통에 공감한다며 유권자들을 안심시키려고 했죠. 한편 야당인 노동당 당수는 석탄 화력발전소를 시찰하고는 세계 최대 석탄 수출국으로서 호주의 역할 확대를 요구하며, 이 요구가 지구온난화 방지를 위한 호주의 진지한 노력과 전혀 배치되지 않는다고 주장했습니다. 하지만 국제 감시 기구들은 기후변화 정책에서 호주가 기울인 노력을 57개국 가운데 최하위로 평가하고 있습니다.[19]

어떻게 역사가 이처럼 끔찍한 상황을 만들어낼 수 있었는지는 깊이 숙고해봐야겠지만, 지금 우리가 처한 상황은 엄연한 현실입니다.

트럼프 대통령에게는 무고한 세계인들이 어떤 희생을 치르든 개의치 않고 자신이 거둔 성공에 심취할 만한 이유가 충분합니다. 그의 주요 지지층인 부호와 거대 기업은 트럼프 개인은 좋아하지 않을지 몰라도 트럼프가 자신들에게 안겨준 풍성한 선물에 무척이나 흡족해하고 있으니까요. 게다가 지지자들은 트럼프에게 푹 빠져 있습니다. 공화당원의 절반 이상이 지금까지 미국 역사상 가장 위대한 대통령으로 평가받던 링컨을 제치고 트럼프를 사상 최고의 대통령으로 꼽고 있습니다.[20] 탄핵 절차가 시작되자 충성스러운 지지자들 사이에서 어둠의 세력이 자신들의 지도자를 해치려한다는 주장이 힘을 얻으면서 트럼프의 입지가 오히려 더 강화된 듯합니다. 이들 지지자의 상당수는 트럼프가 신자유주의의 공격으로부터 자신들을 구원하기 위해 왔다고(아니면 신이 그를 내려보냈다고) 믿는 사람들입니다. 실제로 트럼프는 신자유주의를 맹렬히 옹호하고 있는데 말이죠. 대단한 속임수 마술이 아닐 수 없습니다.

재난을 피할 실낱같은 희망이라도 지키려면 바로 이 사람들에게 우리가 직면한 위험의 절박함을 납득시켜야 할 겁니다.

이런 사람들 머리에서 나온 지정학적 전략을 새삼 되새기는 게 다소 모순돼 보일 수도 있습니다. '권고와 동의'라는 소극적 역할에 갇힌 상원은 아예 언급하지 않겠습니다. 공화당이 다수를 차지한 상원은 그나마 남아 있던 약간의 진실성마저 거의 포기한 채 열혈 트럼프 지지층의 심기를 건드릴까 전전긍긍하며 완전히 트럼프의 손에 놀아나고 있습니다. 하지만 전략은 난데없이 생겨나기도 합니다. 백악관에서 비롯된 반동적 국제주의의 구축이 이집트와 페르시아만의 포악한 군사독재와 족벌독재를 하나로 묶고, 이스라엘이 미국의 암묵적 지원 대신 이제는 공개적 지지를 받으며 '대大 이스라엘 프로젝트'를 완성해가고, 모디 총리가 이끄는 인도는 극단적 힌두 민족주의자들의 이민족 지배 정책에 기울어 카슈미르를 탄압하면서 그나마 남아 있던 인도의 세속 민주주의를 산산조각 내버리고, 볼소나로 대통령이 집권한 브라질에서는 추악한 범죄가 만연하고 있지만 그중 어떤 것도 '지구의 폐' 아마존을 기업식 농업과 광업 분야에 포진한 자신의 친구들에게 넘겨 이를 파괴하려는 볼소나로의 집념에 범접하지 못하고, 오반 총리가 이끄는 헝가리는 징기스칸까지는 아니더라도 훈족 아틸라*까지 거슬러 올라가는 마자르족 유목민 혈통임을 찬양하고, 극우 정치인 마테오 살비니가 전면에 나선 이탈리아는 무솔리니 치하에서 이탈리아가 집단학살을 자행한 장소로

---

* 5세기 로마제국을 침공해 온 유럽을 공포에 떨게 한 훈족의 왕

유명한 리비아를 탈출한 난민 수천 명을 공공연히 죽음으로 내모는 등 근사한 사례들이 무척 많습니다.[21] 게다가 앞으로 또 어떤 일이 기다리고 있을지 누가 알겠습니까? 어쩌면 보리스 존슨 영국 총리의 하드 브렉시트* 정책이 예상 수순대로 진행될 경우, 한때 영국이라 불리던 미국의 속국을 나이절 패라지Nigel Farage** 가 차지할 지도 모를 일입니다.

신흥 국가들의 상황이 이럴지라도, 환경 위기가 피할 수 없는 운명은 아닙니다. 선택의 여지가 있고, 그 선택이 큰 차이를 만들어낼 수 있습니다.

버니 샌더스 미 상원의원과 그리스의 좌파 시리자당 정부에서 재무장관을 역임한 야니스 바루파키스Yanis Varoufakis가 선택지 하나를 제시했습니다. 두 사람은 트럼프의 비호 아래 구축되고 있는 반동적 국제주의에 맞설 진보적 국제주의를 한목소리로 주장했습니다. 이들의 외침이 아무런 반향을 일으키지 못하고 묻히게 내버려둬서는 안 됩니다.

원래 질문으로 돌아가 간단한 대답을 내놓자면, 환경 위기는 쌍둥이 격인 핵 위기와 함께 인류 역사에서 유례를 찾아볼 수 없는 진정한 존재 위기입니다. 현재를 사는 사람들이 인류의 운명을, 그리고 우리가 지난 6500만 년 동안 경험해보지 못한 속도

---

* 영국이 무역, 관세, 노동 등 전 분야에서 EU와 맺은 모든 관계를 정리하고 EU 에서 완전히 탈퇴하는 것

** 영국의 극우 정치인

로 파괴하고 있는 다른 종들의 운명까지 결정하게 될 것입니다. 6500만 년 전 거대한 소행성이 지구와 충돌해 공룡의 시대를 끝 장내면서, 몇몇 소형 포유동물들이 진화해 마침내 소행성의 분 신이 될 수 있는 길이 열렸습니다. 이들이 선조들과 다른 점은 스 스로 선택을 할 수 있다는 것입니다.

🌧

2018년 IPCC는 지구온난화로 산업화 이전 수준보다 기온이 1.5℃ 상승할 경우 초래될 영향에 관한 특별 보고서를 내놓았습 니다. 폴린 교수님께서는 지난 수년 간 IPCC가 수행한 연구를 비롯해 기후변화 문제에 관한 주류 연구가 기후 위기의 본질과 위험을 적절히 담아내고 있다고 보십니까?

로버트 폴린　물론 저는 기후학자가 아니기 때문에 IPCC 보고서에 주기적으로 요약 소개되는 주류 연구들을 평가할 만한 입장이 못 됩니다. IPCC가 과학의 입장을 한순간도 제대로 대변하지 못 한다고 주장하는 연구들은 저와 입장이 다른 것 같습니다만. 그 래도 IPCC가 기후 과학 연구 증진과 전파를 위해 어떤 역할을 하는지 살펴봅시다.

　IPCC는 '정책 입안자들에게 기후변화 관련 지식 현황에 대한 과학적 평가를 정기적으로 제공한다'는 명시적 임무를 수행하기 위해 1998년 설립된 UN 기구입니다.[22] IPCC는 독자 연구를 수행하지 않는 대신 관련 연구를 평가하고 통합하는 정보 교환소 역할을 합니다. 수천 명의 과학자가 IPCC 보고서의 집필과 검토에 기여하고, 그 결과물을 각국 정부가 재검토합니다. 제가 몸담고 있는 매사추세츠대학교 애머스트 캠퍼스에도 다양한 IPCC 프로젝트에 참여 중인 기후학자들이 있고 저도 이들을 잘 압니다. 무척 헌신적이고 유능하고 신뢰할 만한 분들이죠. 따라서 문제가 무엇이든 IPCC가 이와 관련해 주류 기후 과학을 통해 최근 도출된 고품질의 평가들을 아우른다고 보는 것이 타당합니다.

그럼에도 여전히 소수의 기후변화 부정론자들이 존재하는데, 주류 언론이 이들이 이룬 과학적 발견에 걸맞은 수준을 훨씬 뛰어넘는 신빙성을 이들의 주장에 부여하고 이를 확대 재생산하고 있습니다.[23] 그러나 이들의 주장이 타당성이 부족하긴 해도 일부 취할 점이 있을 가능성까지 완전히 배제할 수는 없습니다. 하지만 바로 그 때문에 IPCC가 자신들이 내놓는 모든 추정에 상당한 불확실성이 있음을 인정하며 신중한 태도를 보이는 것 역시 사실입니다. 일례로 IPCC는 온실가스 배출량 저감 목표치를 제시할 때 "배출량을 20년 내에 80퍼센트 저감해야 하며 그렇지 않을 경우 틀림없이 끔찍한 결과에 직면하게 될 것"이라는 식으로 단일한 숫자를 절대 사용하지 않습니다. 대신 IPCC는 항상 범위와 가능성의 형태로 결론을 제시합니다. 뿐만 아니라 최근 일부 주요 간행물에서 드러났듯 IPCC가 자신들이 내린 평가를 주기적으로 상당 부분 수정하는 것도 사실입니다.

한 예로 2007년 발간한 '제4차 기후변화 평가 보고서'에서 IPCC는 지구 평균기온을 산업화 이전 평균 대비 2℃ 이내 상승으로 안정시키기 위해서는 연간 CO_2 배출량을 2050년까지 대략 40~130억 톤 수준으로 감축해야 한다고 결론 내렸는데, 이는 2018년 배출량 330억 톤보다 60~88퍼센트 감소한 수치입니다. 그러나 2014년 발간한 '제5차 평가 보고서'에서 IPCC는 동일한 2℃ 이내 상승의 안정화 지점 도달에 필요한 온실가스 배출량 저감 범위를 36~76퍼센트로 조정했습니다. 즉 2007년과 2014년 평가 보고서 사이에서 IPCC의 온실가스 배출 저감 필요량이 감소했습니다. 그러나 2014년 평가 보고서를 낸 지 4년 만인 2018년 IPCC는 다시 한번 입장을 급선회해 앞선 보고서보다 훨씬 더 기후변화에 경종을 울리는 입장을 취했습니다. 즉, 사회자가 언급한 대로 2018년 10월 발간된 '1.5℃의 지구온난화'라는 제목의 보고서에서 IPCC는 지구 평균기온 상승을 2.0℃ 이내가 아닌 1.5℃ 이내로 제한해야 할 필요성을 강조했습니다. IPCC의 이 같은 입장 변화는 1.5℃ 이내로 기온 상승을 억제할 경우 기후변화로 예상되는 부정적 결과들을 극적으로 줄일 수 있다는 결론에 도달한 데 따른 것입니다. 기후변화의 부정적 결과로는 폭염과 호우, 가뭄, 해수면 상승, 생물다양성 감소의 위험과 이에 따른 건강과 생계, 식량 안보, 인간 안보 등에 미치는 영향 등이 있습니다.

지구 평균기온이 산업화 이전보다 1.5℃ 또는 2.0℃ 상승했을 때 직면하게 될 총체적 결과들에는 분명 상당히 큰 불확실성이 존재합니다. 결과는 IPCC의 2018년 평가에서 예측된 것보다 더 가혹할 수도 있고 덜 가혹할 수도 있습니다. IPCC가 향후 보고서에서 또다시 평가를 바꾼다 해도 놀랄 일이 아닙니다. IPCC가 2014년처럼 보다 낙관적 전망을 내놓을 가능성도 배제할 수 없지만, 앞서 촘스키 교수님이 언급하신 대로 "바로 지금이 경종을 울릴 때가 맞다. 지금 우리는 심각한 위기에 처했다"고 한 저명한 기후학자이자 IPCC 보고서의 저자 레이먼드 피에르험버트의 경고를 반영해 훨씬 더 비관적인 평가를 내놓을 가능성이 더 큽니다. 요컨대 우리가 직면한 다양한 불확실성의 영역을 온전히 인정하면서도, 단호한 행동을 취하는 데 필요한 충분한 정보가 이제 우리에게 있습니다.

🍃

그 문제를 조금 더 살펴보면, 기후변화 대처에 있어 만약의 경우를 위한 대비책을 가동하는 게 타당하지 않을까요?

폴린 질문에 대한 짧은 답은 물론 그렇다는 것입니다. 이 문제들에 관한 불확실한 현실을 다루다 보면 어김없이 이런 의문이 듭니다. 만약 압도적 지지를 받는 과학적 견해가 오류로 판명된다면, 아니면 더 정확히 말해 기후변화로 인해 어떤 심각한 결과도 초래되지 않을 비교적 가능성이 낮은 가설이 실제 결과로 드러난다면 어떻게 될까요? 그렇게 되면 전 세계가 애당초 존재한 적 없는 문제를 풀기 위해 30년 동안 수조 달러의 돈을 허비한 꼴이 될까요?

사실 우리는 기후변화의 결과에 대한 확신에 근거하기보다는 합리적이고 개연성 있는 추정을 통해 당장 단호한 조치를 취해야 합니다. 분명 우리는 글로벌 그린 뉴딜을, 백 퍼센트 확실치는 않지만 생태 재앙에 직면했다는 꽤 높은 가능성으로부터 우리 자신과 지구를 지키는 보험 증서로 간주해야 합니다.

2019년 작고한 마틴 와이츠먼Martin Weitzman 전 하버드대학교 경제학 교수는 기후변화를 둘러싼 불확실성에 어떻게 대처해야 하는가에 대한 중요한 연구에 기여했습니다. 2015년 거노트 와그너Gernot Wagner와 공동 집필한 『기후 쇼크Climate Shock』에서 와이츠먼은 "기후변화를 둘러싼 뿌리 깊은 불확실성 위에는 뿌리 깊은 불확실성이, 그 위에는 훨씬 더 뿌리 깊은 불확실성이 도사리고 있다"고 지적했습니다. 와이츠먼과 와그너는 이런 비유를 들어 그 같은 불확실성에 대처하는 방법을 제시합니다.

만약 현재 우리 문명을 바꿔놓을 소행성이 지금 지구를 향해 돌진해 오고 있고 향후 10년 내에 지구와 충돌할 가능성이 5퍼센트라면, 틀림없이 우리는 소행성의 경로를 바꾸기 위해 온갖 노력을 기울일 것이다. 하지만 만약 같은 소행성이 100년 뒤에 지구로 충돌할 것이라는 사실을 안다면, 우리는 정확히 어떤 행동 방침을 따라야 할지를 놓고 다투며 몇 년을 더 허비할지도 모르지만 다음과 같이 하지는 않을 것이다. 우선, 길어봐야 10년 내에는 문제를 해결할수 있을 테니 앞으로 90년은 더 느긋하게 쉬어도 좋다고 말하지는않을 것이다. 또 90년 뒤면 기술이 그만큼 좋아질 테니 91년이나92년쯤은 손놓고 아무런 노력도 하지 않아도 여전히 무사할 것이라고 자신하지도 않을 것이다. 그보다는 행동하려고, 그것도 신속하게 행동하려고 할 것이다. 향후 90년 내에 기술이 향상된다 해도상관없다. 향후 90년 내에 소행성의 정확한 경로에 대해 좀 더 많은 사실을 알게 돼 지구와 충돌할 가능성이 우리가 줄곧 추정해온5퍼센트가 아니라 4퍼센트에 '불과'할지라도 역시 마찬가지다.[24]

또한 와이츠먼과 와그너는 사람들이 불확실성과 보험을 다룰때 경험하는 일상적인 상황에 비유해 이 문제를 다음과 같이 설명합니다. "끔찍한 주택 화재와 자동차 사고를 비롯한 개인적인재앙들은 거의 항상 발생 가능성이 10퍼센트에도 훨씬 못 미친다. 그럼에도 여전히 사람들은 이 희박한 가능성에 대한 보장을받으려고 보험에 들거나, 이 비용이 사회로 전가되는 것을 막을목적으로 제정된 법에 의해 보험 가입을 의무적으로 요구받기도한다."[25]

이런 면에서 볼 때 기후 보험 가입과 관련해 유일하게 중요한쟁점은 '충분한 보장을 받으려면 얼마나 많은 돈을 기꺼이 지불해야 하는가'입니다. 이는 자동차보험을 들 것인지 말 것인지가 아니라, 보험료를 얼마나 내고 보장을 얼마나 받아야 할지를 결정하는 문제와 같습니다. 이 문제는 책 뒷부분에서 현실성 있는 그린 뉴딜 프로젝트를 설명할 때 다시 언급하겠습니다.

🍀

정통 경제학의 기본 전제는 자유 시장의 운용을 통해 시장의 자율에 맡기면 정부 개입보다 뛰어난 사회적 성과를 만들어낸다는 것입니다. 정통 경제학의 이러한 친親시장 편향이 기후변화 완화를 어느 정도까지 저해하고 있나요?

폴린 영국의 저명한 주류 경제학자로 세계은행 수석 경제학자를 지낸 니콜라스 스턴Nicholas Stern은 2007년 "기후변화는 사상 최악의 시장 실패의 산물"이라고 주장했습니다. 스턴의 진단은 극단적이지만 과장이 아닙니다.

신자유주의는 기후 위기를 야기한 주요 요인입니다. 이는 신자유주의가 고전 자유주의의 변종으로, 고전 자유주의는 모든 사람이 자유 시장 환경 안에서 이익을 추구할 자유를 최대한 부여받아야 한다는 생각에서 비롯됐기 때문입니다. 그러나 신자유주의에는 또한 고전 자유주의에서 크게 벗어나는 측면이 있으며, 이로 인해 자유시장의 자율에 맡기면 정부 개입보다 뛰어난 성과를 낸다는 정통 경제학의 기본 전제에서도 크게 벗어납니다. 여기에 정통 경제학이 찬양하는 완전 자유 시장 모델과 대비되는 신자유주의의 문제점이 있습니다. 즉, 신자유주의 아래 실제 현실에서 정부는 거대 기업들이 아무 제약 없이 최대한 이윤을 추구할 수 있게 허용합니다. 하지만 그러고 나서 기업의 이윤이 위협받을 수도 있는 상황이 발생하면 어김없이 정부가 해결사로 나서 기업들을 구해냅니다. 이런 일이 되풀이되면서 자본가들에게는 사회주의가 열리고, 나머지 사람들은 냉혹한 자유시장 자본주의로 내몰리고 맙니다.

정유 회사들이 기후변화에 대처한 전력은 신자유주의 현실에 대한 극적인 연구 사례가 되고 있습니다. 1982년 당시 엑손 코퍼레이션(현 엑손모빌) 소속 연구자들은 2060년 무렵이면 에너지 생산을 위한 석유와 석탄, 천연가스 사용으로 인해 지구 평균기온이 약 2℃ 상승할 것으로 추정했습니다. 그리고 이는 결국 우리가 1980년대 이후 점점 더 극심하게 경험해온 기후 붕괴로 이어질 것으로 전망했습니다. 1988년 쉘 코퍼레이션Shell Corporation 소속 연구자들도 비슷한 결론에 도달했습니다. 우리는 엑손과 쉘이 이 정보들을 어떻게 처리했는지 이제는 압니다. 철저히 은폐했죠. 이들이 그렇게 행동한 데는 명백한 이유가 있습니다. 당시 정보가 공개됐더라면 석유 생산과 판매를 통해 막대한 이익을 얻을 가능성을 위협받을 수도 있었기 때문입니다.

엑손과 쉘의 행동이 부도덕했다는 것은 숨길 수 없는 사실입니다. 하지만 두 기업 모두 신자유주의 수칙에 한 치 어긋남 없이 행동한 것 역시 분명합니다. 다시 말해 이들은 자신의 이윤을 지키기 위해 행동한 것입니다. 이들은 또 1980년대 이후 줄곧 신자유주의 수칙에 따라 전 세계 모든 정부로부터 최대한 많은 보조금을 받아냈습니다. 그 와중에 두 기업 모두 자신들의 행동에 대해 어떤 정부 제재도 받지 않았습니다. 오히려 그 반대로 계속 엄청난 수익을 올리며 막대한 정부 보조금까지 받아냈죠.

이제 와서 이 모든 상황을 정통 경제학의 탓으로 돌릴 수는 없습니다. 스턴이 강조했듯 정통 경제학 범주 내에서도 자본주의의 시장 과정market process이 실패할 수 있음을 파악할 수 있으니까요. 하지만 이 대목에서 짚고 넘어가야 할 사실은 정통 경제학자들이 시장 개입을 최소함으로써 시장 실패에 대응해야 한다고 주상하나는 섬입니다. 모든 것을 감안할 때 정부 개입은 무능과 부패, 그리고 훨씬 더 근본적으로는 사회복지 개선 노력이라는 모호한 목표 때문에 상황을 악화시킬 가능성이 더 높다고 보기 때문입니다. 반면 시장에서는 어느 누구도 다른 누군가를 기만하지 않고, 우리 모두 그저 최고의 성과를 내기 위해 스스로 노력할 뿐이라는 겁니다.

이 때문에 사실상 모든 주류 경제학자가 탄소세를 기후변화에 맞서 싸우기 위한 가장 효율적인 정책 개입으로 지지하고, 그중 상당수는 탄소세가 유일하게 효과적인 방안이라고 평가합니다. 일례로 2019년 1월 노벨상 수상 경제학자 27명은 연방준비제도Fed 전임 의장 4명, 백악관 경제자문위원회 전임 위원장 15명과 함께 발표한 성명에서 다음과 같이 주장했습니다.

탄소세를 충분히 강력하게 부과한 뒤 이를 점차 인상하면 효과가 떨어지는 여러 다른 탄소 규제들이 필요 없게 될 것이다. 번잡한 규제를 가격 신호로 대체하면 경제성장을 촉진하고 기업들에게 청정 대체에너지 분야 장기 투자에 필요한 규제의 확실성을 제공할 것이다.[26]

이 경제학자들은 탄소세로 거둬들인 세입을 전체 인구에 균등하게 재분배함으로써 탄소세가 에너지 구입을 위해 전체 수입의 상당 부분을 지출하는 저소득층의 생계비 상승으로 이어지지 않게 해야 한다는 데 견해가 일치합니다. 하지만 이 경제학자들은 재생에너지와 에너지 효율 분야 공공 투자 확대를 지지하지 않음으로써, 미국의 경우 GDP의 35퍼센트에 달하고 다른 국가에서는 그보다 더 비중이 높은 공공 부문의 역량을 이용해 청정에너지 전환을 최대한 공격적으로 추진할 기회를 포기하고 맙니다. 이들은 또 전력 회사들이 석탄과 천연가스 사용을 중단하고 재생에너지 생산량을 확대하도록 의무화하는 규제에도 반대합니다. 이 같은 입장으로 인해 미국에서 가장 권위 있는 경제학자 다수가 심각한 정책 오류를 빚어내고 있습니다.

권위 있는 경제학자들이 저지른 심각한 정책 오류에 대해 언급하자면, 기후변화의 경제학에 초점을 맞춘 대단히 영향력 있는 연구를 수십 년간 수행한 공을 인정받아 2018년 노벨 경제학상을 수상한 윌리엄 노드하우스William Nordhaus 예일대학교 교수에게 특히 주목할 필요가 있습니다. 그해 12월 노벨상 수상 강연에서 노드하우스는 기후변화 대처를 위한 대안적 정책 시나리오를 제시했습니다. 강연에서 그가 "최적의" 정책 경로라고 지칭한 길을 따르면 지구 평균기온이 2050년까지 2℃ 상승하지만, 이후로도 100년 동안 기온이 지속적으로 올라 2150년에는 지구 평균기온이 4℃ 상승하는 "최적의" 안정화 지점에 도달하게 됩니다. 다시 말해, 우선 노드하우스는 노벨상 수상 강연 불과 2개월 전인 2018년 10월 발간된 보고서에서 IPCC가 폭염과 호우, 해수면 상승, 생물다양성 감소와 관련해 심화되는 위험을 피하기 위해서는 2050년까지 평균기온 안정화 목표를 2℃가 아닌 1.5℃로 설정해야 한다고 내린 결론을 전혀 신뢰하지 않았습니다. 하지만 그보다 훨씬 더 우려스러운 것은, 아니 깜짝 놀랄 만큼 충격적인 것은 노드하우스가 지구 평균기온이 2150년까지 4℃ 상승할 경우 인류가 직면하게 될 위험을 감수하는 데 있어 더없이 낙관적이라는 사실입니다.

지구온난화로 기온이 4℃ 상승할 경우 세계가 어떤 모습일지에 대한 다수의 연구 결과를 조사한 과학 저널리스트 마크 리나스Mark Lynas는 다음과 같이 말합니다.

기온이 4℃ 상승하면 또 다른 한계점을 넘어설 것이 거의 확실시된다. (…) 이 순간 북극의 영구 동토층, 그중에서도 특히 시베리아에 갇혀 있던 수천억 톤의 탄소가 '멜트존melt-zone'에 도달하면서 지구온난화를 유발하는 어마어마한 양의 메탄과 이산화탄소를 방출한다. (…) 또한 북극해의 영구 빙설이 통째로 사라지면서 북극이 최소한 300만 년 만에 처음으로 얼어붙지 않은 개방 수면 상태로 바뀐다. 북극곰을 비롯해 얼음에 의존하는 종들의 멸종은 피할 수 없을 전망이다. (…) 남극의 영구 빙설 역시 심각한 영향을 받을 가능성이 있다. (…) 이는 결국 전 세계 해수면이 추가로 5미터 상승하는 결과를 낳는다. (…) 해수면 상승이 가속화하면 해안선이 끊임없이 변화할 것이다. 지역 전체, 섬나라의 경우는 실제로 국가 전체가 물에 잠기게 될 것이다. 유럽 대륙에서는 이탈리아와 스페인, 그리스, 터키에서 새로운 사막이 확산되면서, 사하라사막이 사실상 지브롤터해협 너머까지 펼쳐질 전망이다.[27]

마틴 와이츠먼이 기후 불확실성에 관한 연구에서 역설한 것처럼 지구 평균기온의 4℃ 상승을 허용할 경우 이런 결과가 초래될 가능성이 얼마나 높을지 확실히 알 수 있는 방법은 없습니다. 하지만 이러한 상황을 막기 위해 가능한 모든 조치를 취해야 한다는 사실 정도는 깨달아야 합니다. 기후변화를 연구하는 정통 경제학자 가운데 전 세계에서 가장 유명한 인물이 4℃ 상승으로 초래될 위험을 "최적"이라고 간주한다는 사실은 정통 경제학이 얼마나 파탄 지경에 이르렀는지 적나라하게 말해줍니다.

산업형 농업이 환경에 미치는 영향에 대한 우려가 커지고 있습니다. 실제로 산업화된 식품 생산 시스템은 인간의 건강과 경제 전반에 해로운 것으로 보입니다. 산업형 농업과 관련된 영향은 무엇이고 그 대안은 무엇일까요?

폴린 기업화된 산업형 농업은 기후변화의 주요 원인으로, 3대 온실가스인 CO_2와 메탄, 질소산화물을 포함한 전체 온실가스 발생량의 약 25퍼센트를 배출합니다.[28]

그러나 기후변화 문제의 본질에 관해 자세히 살펴보기 전에 적어도 산업화된 기업식 농업의 주요한 영향을 몇 가지 더 짚고 넘어가야겠습니다. 국제노동기구ILO가 최근 수행한 뛰어난 연구에서 드러났듯 산업형 농업은 다음과 같은 결과들의 주요 원인 제공자가 되어가고 있습니다.

토양 악화(과잉 개발과 관리 소홀로 인한 유기물의 손실), 토지와 작물의 부적절한 관리로 인한 사막화와 담수 부족, 생물다양성 감소, 토지 이용의 변화와 부영양화富營養化(물에 포함된 무기물 및 영양분 과잉에 따른 해조류의 과도한 증가)와 부실하고 부적절한 양분 관리로 인한 해충 저항성과 수질 오염.[29]

이처럼 토양 악화와 수질 오염을 일으키는 요인들은 결과적으로 다양한 인간 건강 문제의 원인이 됩니다. 그중에서도 가장 심각한 문제는 수억 명에 달하는 전 세계 농부가 현재 유독성 살충제와 제초제에 날마다 그리고 매우 가깝게 노출된다는 사실입니다. 거기서부터 유독성 물질이 일반 대중이 소비하는 식품과 상수도로 흘러 들어갑니다.

산업형 농업이 기후에 미치는 영향으로 돌아가면, 상호 연관된 다음 네 가지 주요 경로에 주목해야 합니다. 바로 (1)삼림 파괴 (2)식량작물 재배를 포함한 다른 어떤 용도보다 이용 가능한 지표면을 훨씬 더 많이 소모하는 소 목축을 위한 토지 이용 (3)토지 생산성을 높일 목적으로 천연가스에서 추출한 질소 비료와 합성 살충제, 제초제에 대한 높은 의존도 (4)재배된 뒤 버려지는 엄청난 양의 식량입니다. 막대한 규모의 식량 낭비는 그 주원인은 뚜렷이 다르지만 저소득 국가와 고소득 국가에서 모두 발생합니다.

삼림 파괴

폴린 에너지 생산을 위해 화석연료를 태우는 것을 빼면 삼림 파괴는 기후변화를 야기하는 가장 중요한 요인으로, 이는 살아 있는 나무가 CO_2를 흡수해 저장하기 때문입니다. 삼림 벌채로 나무를 베어내면 나무에 저장돼 있던 CO_2가 대기 중으로 방출됩니다. 뿐만 아니라 당연히 베어낸 나무는 더 이상 CO_2를 흡수하지 못합니다. IPCC가 2019년 발표한 최신 데이터에 따르면 삼림 파괴의 이 같은 복합 효과—벌채된 나무에 흡수돼 있던 CO_2의 대기 중 방출과 이 나무들의 CO_2 흡수 기능 상실—만으로도 전체 온실가스 배출량의 약 12퍼센트에 달합니다.

삼림 파괴가 기후변화의 주된 원인임을 충분히 이해했다면, 왜 이러한 일이 계속되는지 질문을 던져야 합니다. 그 답은 간단명료하며, 화석연료 사용이 인류를 생태 재앙으로 몰아간다는 사실을 알면서도 계속 화석연료를 태우는 이유를 이해하는 것보다 복잡하지 않습니다. 그것은 바로, 삼림 파괴가 농업과 광업에 이용 가능한 대규모 개활지를 만들어내 이를 통해 수익을 창출할 수 있기 때문입니다.

삼림 파괴로 만들어지는 가장 큰 이윤 창출 기회는 기업식 농업을 위한 토지 개간입니다. 호소누마 노리코Hosonuma Noriko가 공저자들과 함께 최근 수행한 상세 연구에 따르면 개발도상국에서 벌어지는 전체 삼림 파괴의 약 40퍼센트가 기업식 농업의 수요를 충족하기 위한 것으로 추정되는데, 그중에서도 가장 중요한 목적은 소를 방목할 개활지 확보입니다. 세계시장에 내다 팔 팜유 같은 환금작물 재배 역시 큰 수익 창출 기회를 제공합니다. 호소누마는 벌채된 땅의 또 다른 33퍼센트는 자급적 영세 농업에 사용되는 것으로 추산했습니다. 벌채된 땅의 또 다른 10퍼센트는 도로를 비롯한 사회 기반 시설 건설에 사용되는데, 이 시설들의 주된 용도는 물론 개간된 지역의 새로운 기업 활동 지원입니다. 따라서 삼림 파괴의 약 85퍼센트가 농업, 그중에서도 대부분은 소 목축을 비롯한 기업식 농업과 관련이 있습니다.[30]

물론 삼림 파괴가 기업들의 이윤을 창출할 뿐만 아니라 저소득층과 저소득 지역사회의 소득을 높일 수도 있다는 사실을 인식해야 합니다. 하지만 노동자와 빈곤 계층에게 돌아가는 혜택은 거의 대부분 금세 사라지고 마는 단기적 효과에 불과합니다. 삼림 파괴로 인한 저소득층의 이해득실은 우리가 익히 아는 경기 호황-불황 주기와 유사합니다. 처음에는 새로 개간된 땅이 농업과 광업 사업에 대한 투자와 함께 이 신규 사업들을 지원하는 데 필요한 기반 시설 투자까지 유발합니다. 이 투자들이 일자리를 만들어내지만, 이는 어디까지나 해당 사업이 자리를 잡는 초기 단계에 국한된 일입니다. 그러나 신규 개간 부지에서 사업 개발과 건설이 진행되는 이 초기 단계 동안에도, 더 많은 사람들이 일자리를 찾아 이 지역으로 몰려드는 현상이 함께 일어납니다. 이 때문에 새로 생겨난 일자리에 대한 경쟁이 증가하면서 오히려 임금을 끌어내리는 하방 압력이 작용합니다.

자급적 영세농의 확대와 기업농의 고용 증가로 저소득층에게 돌아가는 혜택이 커지더라도 이 역시 삼림 자체가 제공하던 소득 창출 활동의 상실과 상쇄됩니다. 삼림을 활용한 소득 창출 활동으로는 나무 즙 채취를 통한 고무 생산, 견과류 재배, 고사한 나무를 이용하는 지속 가능한 방식의 목재 채취 등이 있습니다. 세계자원연구소World Resources Institute는 2018년 수행한 연구에서

"상품 생산을 위한 토지 취득은 종종 원주민 고유의 토지 소유권에 대한 존중 없이 지역의 생계 수단을 박탈해버린다"고 결론 내렸습니다.[31]

삼림 파괴를 막기 위한 주요 정책 구상이 REDD Reducing Emissions from Deforestation and Forest Degradation(삼림 벌채와 황폐화로 인한 온실가스 배출 줄이기 운동)로 통칭되는 세계적 차원의 정책 연합입니다. 이 정책 연합은 주로 국제연합과 세계은행이 운영과 조정을 맡고 있습니다. REDD의 기본 이념은 간단합니다. 글로벌 사우스의 정부와 기업, 삼림 소유주, 삼림 거주자가 삼림을 훼손하지 않고 보존하도록 보상을 제공하자는 것입니다.

원론적으로 REDD 프로그램은 유익해야 마땅합니다. 하지만 실행 과정에서 중대한 문제들이 불거졌습니다. 가장 심각한 문제 세 가지만 언급하겠습니다. 첫째, REDD 프로젝트는 주로 탄소 상쇄 carbon offset*를 바라는 기업들로부터 자금 지원을 받고 있습니다. 일례로 REDD는 전력 회사가 탄소 배출권을 구입할 수 있게 허용함으로써, 해당 기업이 즉시 석탄 발전에서 벗어나 고효율 청정 재생 에너지원 개발에 투자하는 대신 계속 석탄을 태워 전력을 생산하도록 길을 터줄 수 있습니다. 이와 관련한 두 번째 문제점은 '누설'입니다. 이는 REDD 계획이 토지 개간이 금지된 삼림을 지정함으로써 기업들이 보호되지 않은 다른 지역으로

---

* 배출한 이산화탄소의 양만큼 재생에너지 이용, 조림 등 온실가스 감축 활동을 하거나 환경 기금 등에 투자하는 행동

사업을 이전하도록 유도하는 현상을 지칭합니다. 특정 보호 지역과 관련된 누설률 추정치는 무시해도 좋을 수준부터 온실가스 배출을 방지한 양의 100퍼센트 이상까지 매우 큰 차이를 보입니다. 적어도 누설을 막기 위한 안전장치가 취약한 상태인 것만은 분명합니다.[32]

REDD 프로그램의 세 번째 중대한 문제는 프로그램 참여에 따른 금전적 보상이, 가능한 혜택을 받으려면 반드시 거쳐야 하는 법적 틀을 이해하는 기업농과 땅 투기꾼들에게 불균형하게 흘러 들어간다는 점입니다. 실제 삼림 거주자들은 대개 시스템을 유리하게 활용하는 데 도움이 되는 법률 및 금융 자문을 받지 못합니다. 삼림 파괴를 막고 이를 되돌리기 위한 공정하고 효과적인 정책들은 물론 반드시 필요합니다. 하지만 REDD 프로그램이 애당초 숲을 개간하고 화석연료를 태워 이득을 취해온 바로 그 기업들의 이해에 좌우되지 않는 것 역시 중요합니다.

소 목축

폴린 소 목축은 두 가지 경로를 통해 기후변화를 유발합니다. 첫 번째는 소 목축이 다른 어떤 형태의 농업보다도 훨씬 더 넓은 땅을 필요로 한다는 사실에 기인합니다. 즉, 닭이나 돼지, 생선 등 다른 모든 동물성 단백질원을 이용한 식량 생산은 물론, 소 사료용이 아닌 인간이 직접 소비할 목적으로 하는 작물 재배도 모두

소 사육보다 훨씬 더 적은 땅을 필요로 합니다. 소들을 작물이 자랄 수 없는 목초지에만 방목한다면 소 목축은 전 세계 식량 공급에 순전히 긍정적으로 기여할 수 있습니다. 하지만 인간을 위한 식량 작물 경작에 적합한 지역이 소 방목이나 가축 사료 재배에 할애되면서 지구 전체 토지 자원 가운데 방대한 면적이 낭비되고 있습니다. 소 방목에 더 많은 땅을 할애해야 하는 이 같은 압박은 결국 기업과 땅 투기꾼들이 삼림을 개간하도록 부추기는 결과를 초래합니다.

뿐만 아니라 소는 평상시 음식물을 소화하는 과정에서 메탄가스를 내뿜기 때문에 소 사육은 그 자체로도 기후변화의 원인이 됩니다. 이는 양이나 염소, 물소, 사슴, 엘크, 기린, 낙타처럼 음식을 삼킨 뒤 게워내 되새김질하는 모든 반추동물이 마찬가지지만, 전 세계 소 사육 수는 약 15억 마리로 다른 반추동물보다 압도적으로 많습니다. 이 소들이 메탄가스 방출을 통해 연간 약 20억 톤의 온실가스를 배출하는데, 이것만으로도 2018년 기준 전체 온실가스 배출량의 약 4퍼센트에 달합니다.

산업형 농업 vs. 유기농업

폴린 관행적인 산업형 농법은 합성 비료와 관개, 살충제, 제초제의 과도한 사용에 의존합니다. 질소 비료 사용량만 해도 1961년부터 2019년 사이에 800퍼센트나 증가했습니다. 60년 동안 이러한 관행은 전 세계 1인당 식량 공급량이 30퍼센트 증가하는 데 크게 기여했습니다.

그러나 주로 암모니아 형태를 띠는 질소 비료를 생산할 때 천연가스에 포함된 수소를 대기 중에 있는 질소와 혼합하는 공정에 의존하는 것 역시 사실입니다. 때문에 질소 비료 생산은 3대 온실가스인 CO_2와 메탄, 질소산화물을 만들어냅니다. 뿐만 아니라 질소 비료는 토양 내 박테리아와 결합하면서 질소산화물로 변화합니다.

이 같은 산업형 농업 관행의 대안 가운데 하나인 유기농업은 윤작輪作과 가축 분뇨를 이용한 퇴비 생산, 생물학적 해충 퇴치에 의존합니다. 좀 더 구체적으로 설명하면, 질소를 늘리기 위해 암모니아에 의존하는 대신 토양에 질소를 잡아두기 위해 콩과 식물을 심고, 합성 살충제 대신 천연 곤충 포식자 활용을 권장하고, 작물의 돌려짓기를 통해 해충을 교란하면서 토양을 회복시키고, 천연 물질을 사용해 병충해와 잡초를 통제합니다. 유기농업은 암모니아 비료를 비롯해 화석연료에서 추출한 제품을 쓰지 않기 때문에 탄소 발자국carbon footprint*이 최소화됩니다.

온실가스 배출량 저감과 기후변화 측면에서 유기농업의 장점은 따라서 분명합니다. 하지만 관행 농법의 대안으로서 유기농업은 간과하기 힘든 문제를 야기하기도 합니다. 그중에서도 가

---

* 개인, 단체 또는 산업이 직·간접적으로 발생시키는 온실가스의 총량

장 큰 문제는 단위면적당 식량 생산량이 보통 재래식 농법보다 적다는 것입니다. 얼마나 더 적은가는 논쟁의 여지가 있습니다. 이 질문에 대한 답을 찾기 위한 대규모 연구가 몇 차례 이뤄졌지만, 추정치에 상당한 차이가 있습니다. 여러 요인 중에서도 상대적 생산성 격차는 세계의 어떤 지역인지와 농장마다 처한 구체적 환경에 좌우되는 경향이 있습니다. 그래도 일반적 결론을 내리자면 이 다양한 추정치들의 적절한 중간값은 재래식 농법이 단위 농지 면적당 10~15퍼센트 정도 더 식량 생산량이 많다는 것입니다. 하지만 일부 연구자들이 개발도상국에서는 유기농업이 재래식 농업보다 더 생산성이 높다는 사실을 발견한 것 또한 사실입니다. 이는 상당수 가난한 국가에서는 유기 농법에 필요한 물질들을 합성 물질보다 더 쉽게 구할 수 있기 때문입니다.

토지와 식량 낭비

폴린 일반적으로는 유기 농법으로 세계 식량 공급량을 생산하려면 더 많은 땅이 필요하다고 추정하는 것이 타당합니다. 그리고 이는 전 세계적으로 단일 용도로는 단연 가장 많은 농지를 사용하는 소 목축에서 탈피해야 할 필요성도 뒷받침해줍니다.

세계가 산업형 농업에서 유기농업으로 전환을 선택한다면, 이에 따라 발생할 토지 이용에 대한 압박에 대응할 또 다른 중요한 방법은 재배된 뒤 버려지는 식량의 양을 대폭 줄이는 것입니다. 추정치에 따르면 전 세계 총 식량 생산량의 35~50퍼센트가 버려지거나, 상해서 못 쓰게 되거나, 사람의 입에 들어가는 대신 해충의 먹이가 됩니다. 개발도상국에서는 보통 저장 공간과 운송 기반 시설 부족으로 식량의 40퍼센트 이상이 수확 후나 가공 과정에서 손실됩니다. 고소득 국가에서는 생산 단계에서 이 정도로 식량이 낭비되지 않지만, 소매 유통과 소비 단계에서 여전히 식량의 40퍼센트 이상이 낭비되는 것으로 추정됩니다. 실제로 상당량의 식품이 식당에서 먹지 않은 채 남겨지고 가정에서도 음식물 쓰레기로 버려집니다.

개발도상국의 경우 이 문제에 대한 분명한 해결책으로 가장 먼저 꼽을 수 있는 것이 저장 공간과 운송 기반 시설 확충입니다. 개발도상국에서 식량 낭비를 10퍼센트 정도만 줄여도 전 세계 토지 공급 수요를 5퍼센트가량 줄일 수 있습니다. 이것만으로도 세계의 주요 식량 공급원을 산업형 농업에서 유기농업으로 전환하는 데 따른 추가적 토지 이용 필요를 상당 부분 상쇄할 수 있습니다. 고소득 국가에서는 식당과 가정 등에서 조리된 음식을 펑펑 낭비하는 것만 중단해도 토지 이용에 대한 전 세계적 압박을 줄이는 데 큰 효과를 발휘할 수 있습니다.

마지막으로 한 가지 문제를 제기하고자 합니다. 그것은 바로 '사람들이 글로벌 뉴딜의 일환으로 식단을 바꿔야 하는가' 그리고 특히 '소고기 소비를 대폭 줄여야 하는가'입니다. 불가피하게도 이에 대한 답은 "그렇다"입니다. 동물성 식품 소비를 소고기에서 닭고기나 돼지고기 또는 생선으로 바꾸거나 보다 적극적으로 채식 위주 식단으로 바꾸면 소 목축을 감당하기 위한 토지 수요의 감소를 이끌어낼 수 있습니다. 이는 삼림 파괴 동기의 감소로 이어질 것입니다. 또한 소고기 제품에 대한 수요 감소와 함께 전 세계 소 개체수가 감소하면서 소들이 내뿜는 메탄가스 배출량도 줄어들게 됩니다. 마지막으로, 단위 토지 면적당 식량 생산량 면에서 현재 기업식 산업형 농업이 유기농업에 비해 가진 이점이 줄어들게 됩니다.

♣

에너지 생산을 위한 화석연료 소비는 기후 변화의 일차적 원인일 뿐 아니라 대기오염의 주요 원인기도 합니다. 건강에 미치는 영향 면에서 대기오염 문제는 전 세계적으로 얼마나 심각한 상태인가요?

폴린　대기오염은 세계 전역에서 심각한 건강상의 위험이 되고 있습니다. 비영리기구 보건영향연구소Health Effects Institute의 2019년 연구에 따르면 세계보건기구WHO의 '국제 대기 질 지침Air Quality Guideline' 기준으로 세계 인구의 90퍼센트 이상이 안전하지 않은 공기를 마시는 것으로 나타났습니다.[33] 대기오염은 고혈압과 흡연, 당뇨에 이어 네 번째 사망 위험 요인으로, 2017년 전 세계에서 약 500만 명의 사망 원인이 된 것도 놀랄 일이 아닙니다. 저소득 국가에서는 대기오염이 가장 큰 사망 위험 요인입니다. 전 세계적으로도 대기오염은 몸이 편치 않은 상태로 살아가는 햇수를 뜻하는 '질병 부담disease burden'의 네 번째 주요 요인으로, 약 1억 5000만 명이 대기오염으로 인해 때 이른 사망이나 장애를 경험하고 있습니다.

대기오염은 뚜렷이 구별되는 두 가지 범주로 나눌 수 있습니다. 실외 오염과 실내 오염입니다. 에너지 생산을 위해 석유와 천연가스 특히 석탄을 태우는 것이 실외 대기오염의 가장 큰 원인이자 기후변화의 주된 원인입니다. 석탄 연소 과정에서 유해한 수준의 이산화황과 매연 미립자가 방출되며, 석탄뿐 아니라 석유나 천연가스를 태울 때도 유해한 양의 질소산화물이 대기 중으로 방출됩니다. 실외 대기오염의 또 다른 주요 원인은 산불입니다. 기후변화로 인해 산불이 더 자주 그리고 더 크게 발생하는데, 2019년 북부 캘리포니아에서 산불이 무섭게 타오른 데 이어 2020년 호주에서 발생한 산불은 더욱 맹위를 떨쳤습니다. 이 맹렬한 산불들은 기상이변의 복합적 산물입니다. 우기에 강우량이 평상시보다 많아지면서 웃자란 초목들이 폭염과 가뭄이 장기간 이어지는 동안 장작처럼 바짝 말라버리기 때문입니다. 실외 대기오염의 세 번째 주요 원인은 에너지 생산을 위한 바이오매스 연료*의 사용입니다. 따라서 전반적으로 보면, 전 세계적으로 청

---

* 생물체를 열분해하거나 발효해서 얻는 메탄이나 에탄올 등의 연료

정에너지 기반 시설을 구축해서 화석연료와 탄소를 다량 배출하는 바이오 에너지를 모두 대체하는 프로젝트가 실외 대기오염의 주요 원인 물질을 대부분 제거하는 데도 도움이 될 것입니다.

실내 대기오염 역시 요리와 난방을 위해 장작이나 농업 폐기물, 분뇨 같은 바이오매스 연료 자원을 태우는 과정에서 발생합니다. 이 같은 일은 거의 대부분 저소득 국가의 가난한 농가에서 일어납니다. 따라서 실내 대기오염은 실외 오염처럼 화석연료 사용과 직접 관련이 있지는 않습니다. 그럼에도 불구하고 소규모 태양에너지와 풍력 에너지 설비를 통해 값싼 전기를 시골 지역으로 공급하는 청정에너지 전환 정책은 가정에서 바이오매스를 태워야 할 필요성까지 없애주고, 이는 결과적으로 실내 대기오염까지 제거하는 결과로 이어질 것입니다.

대기오염으로 인한 건강 위험은 지난 30년 사이에 전 세계적으로 크게 감소했습니다. 일례로 1990년 대기오염으로 인한 사망자 수는 인구 10만 명당 111명이었지만, 2017년 이 숫자는 10만 명당 64명으로 줄었습니다. 그러나 이 같은 개선의 거의 대부분은 실내 대기오염의 감소 즉 고체 연료를 냉난방에 사용하는 가구가 줄어든 데 따른 것입니다. 같은 기간 동안 실외 대기오염으로 인한 건강 위험은 거의 줄지 않았습니다. 실제로 전 세계적 차원에서 청정에너지 기반 시설로의 전환이 이뤄지지 않는다면, 실외 대기오염의 영향은 갈수록 악화될 가능성이 높습니다. 이는 저소득 국가 내에서 전체 인구 가운데 점점 더 많은 사람이 시골 지역에서 도시로 이주하기 때문입니다. 이 도시들은 현재 화석연료 에너지원에 전적으로 의존한 채 경제성장을 이어가면서 대기오염 악화를 경험하고 있습니다.

매사추세츠대학교 애머스트 캠퍼스의 경제학자 제임스 보이스James Boyce가 2015년 인도 뉴델리의 구체적 상황에 초점을 맞춰 쓴 보고서는 빠르게 성장하는 저소득 국가의 주요 도심 지역에 만연한 상황을 생생하게 포착해냈습니다.

가장 위험한 대기오염 물질 중 하나는 미세먼지다. 델리에서 미세먼지 발생 요인은 다양한데, 심야 시간에 도시 통과가 허용된 디젤 트럭과 빠르게 늘어나는 승용차, 석탄 화력발전소, 도시를 에워싼 벽돌 가마들, 건설 부산물, 폐기물을 공기 중에 내놓고 태우는 소각로 등을 꼽을 수 있다. 미세먼지는 대기질지수AQI로 측정한다. AQI가 50 미만이면 '좋음'으로 간주된다. 반면 300을 넘으면 '위험'으로 간주돼 많은 나라에서는 긴급 경보가 발령된다. 델리에서 나는 사는 곳에서 가장 가까운 지역의 AQI 정보를 확인하는 습관이 들었다. 밸런타인데이 아침에 확인해보니 미세먼지 AQI 지수가 399였다. 그 전날 밤에는 수치가 표준 AQI 도표를 벗어나는 668까지 치솟기도 했다. 때로는 그보다 훨씬 높은 수치까지 급등하는 경우도 있었다. 내가 델리에 도착하기 한 달 전 인도의 주요 환경운동 단체인 과학 및 환경 센터Center for Science and Environment가 몇몇 주민에게 휴대용 기기를 주고 평범한 하루 일과 동안 바삐 일을 하는 틈틈이 대기 오염도를 측정하게 해서 얻은 연구 결과를 발표했다. 일부 측정치는 1,000을 넘기도 했다.[34]

대개의 경우 고소득 국가의 상황은 확실히 덜 심각합니다. 미국과 독일의 대기오염으로 인한 평균 사망률은 인도의 7분의 1 수준이며, 일본의 경우는 그보다 훨씬 낮아 인도의 평균 사망률의 12분의 1에 불과합니다. 하지만 실외 대기오염으로 인한 건강상 위험은 대다수 고소득 국가에서 여전히 상당합니다. 실외 대기오염으로 유발되는 건강 위험은 또한 고소득 국가 내에서도 계층과 인종에 따라 큰 차이를 보입니다. 이 부분에서도 보이스는 공저자들과 함께 미국인들을 집중 조사해 이 격차를 기록하는 선구적 성과를 거두었습니다. 2014년 연구에서 이들은 미국 중서부 지역의 경우 가난한 유색인종이 빈곤 상태가 아닌 백인보다 유해한 공기에 두 배가량 더 노출된다는 사실을 발견했습니다. 가난한 백인은 가난하지 않은 백인보다 약 13퍼센트 더 노출도가 높았습니다. 하지만 빈곤 상태가 아닌 유색인종은 백인 빈곤 계층보다도 약 30퍼센트 더 많이 유해한 공기에 노출되는 것으로 드러났습니다.[35]

전반적으로 보면 대기오염과 기후변화가 서로 깊이 연관돼 있음은 의심의 여지 없이 분명합니다. 글로벌 그린 뉴딜을 통해 기후를 안정시키면 대기오염 문제와 함께 대기오염에 따른 심각한 건강 문제도 대부분 해결할 수 있습니다. 또한 대부분 형태의 대기오염을 제거하는 데 따른 혜택은 저소득 국가와 중간 소득 국가에 더 큰 영향을 미치고 마찬가지로 고소득 국가의 저소득층과 소수집단에 더 크게 돌아갈 것입니다. 바로 이 때문에 글로벌 그린 뉴딜이 인간 평등과 생태 안정 두 가지를 아우르는 프로그램이 될 가능성이 있습니다.

2

자본주의와 기후 위기

COP21로 알려진 2015년 UN 파리 기후변화협약은 (도널드 트럼프를 제외한) 세계 각국 지도자들로부터 엄청난 외교적 성공으로 환영받았지만, 환경운동가들로부터는 실효성이 없다는 비난을 받아 마땅했습니다. 실제로 파리 협약에는 강제 조항이 전혀 없으니까요. 기후변화를 저지하는 일이 왜 이렇게 어려운 걸까요?

촘스키　COP21 외에도 기후변화 저지가 왜 그렇게 어려운지에 대해서는 할 말이 무척 많습니다. 하지만 한계가 뚜렷했던 파리 협약이 왜 실효성이 없는지에 대한 답은 아주 명백합니다.

　파리 협약의 당초 목표는 구속력이 있는 협정을 맺는 것이었습니다. 정상회의 의장을 맡은 로랑 파비우스Laurent Fabius 당시 프랑스 외무장관도 그 목표를 되풀이해 강조했지만, 걸림돌이 하나 있었습니다. 미 상원 다수당인 공화당이 어떤 의미 있는 합의도 받아들이려 하지 않은 것입니다.

　공화당 지도부는 파리 협약을 훼손하려는 의도를 감탄스러울 만큼 노골적으로 드러냈습니다. 비밀이랄 것도 없는 이유 하나는 공화당이 철거용 쇠공을 휘둘러 증오스러운 오바마가 남긴 유산이라면 뭐든 남김없이 박살내고 싶어 한 것입니다. 이는 오바마가 당선됐을 때부터 상원 다수당 지도자 미치 맥코넬이 공언한 목표였습니다. 또 다른 이유는 미국의 힘에 어떤 외적 제약도 반대한다는 신념입니다. 하지만 직접적인 결정은 닥쳐오는 환경 위기에 맞서려는 일체의 노력을 단호히 거부하는 공화당 지도부의 입장에서 비롯됐습니다. 이는 상당 부분 공화당이 역사적으로 개인의 부와 기업 권력에 봉사해온 데서 기인한 태도로, 신자유주의 시대를 거치며 더욱 심화됐습니다.

정치 전문 일간지 《폴리티코Politico》가 전한 소식에 따르면, 맥코넬은 면밀히 계산된 공화당의 계획에 따라 외국 대사관들에 "공화당은 매 순간 오바마가 세운 기후변화 대처 계획에 맞서 싸우려 한다"고 통보했습니다. 그는 또 어떤 협약이든 공화당이 다수를 차지한 상원에 상정되면 "도착 즉시 사망dead on arrival"할 것임을 공언했습니다. 그 같은 협약이 상원 비준에 필요한 3분의 2 동의라는 장애물을 넘을 가능성은 '전무한' 상황으로, 공화당 에너지 분야의 한 로비스트가 "삶에서 확실한 것은 별로 없지만 그것만은 확실하다"고 단언할 정도였죠. 공화당은 또 "가난한 나라들이 지구온난화의 영향에 적응하도록 돕기 위해 수십억 달러를 지원하기로 한 오바마의 약속을 저지"하고, 지구온난화 대처를 위한 다른 활동들도 막아서겠다는 뜻을 분명히 했습니다. 어느 시사평론가가 간단명료하게 표현한 것처럼 "공화당은 슈퍼 기후 악당들의 정당이 되어가고 있습니다."[1]

이 조직의 본질을 간파하는 것이 중요합니다. 혹시라도 미처 알아채지 못한 사람들에게 그 본질은 2016년 공화당 대통령 예비선거 기간 동안 더없이 명백하게 드러났습니다. 공화당 지도

부를 경악케 하며 승리를 거머쥔 불청객 트럼프를 예외로 하면 최고 중의 최고로 추앙받는 정치인들이 나선 자리였습니다. 후보들은 단 한 사람도 예외 없이 현재 상황이 실제 벌어지고 있다는 것 자체를 부정하거나, 사실일지 몰라도 별문제가 되지 않는다고 주장했습니다(후자의 입장을 보인 쪽은 젭 부지 전 주지사와 존 케이식 오하이오 주지사 같은 '중도파'들이었습니다). 케이식은 후보들 가운데 가장 진지하고 냉철하다고 평가받던 인물입니다. 하지만 그는 기본적 사실들을 인정하며 다른 후보들과 차별화된 입장을 보이면서도, "오하이오에 매장된 석탄을 태울 것이며, 그에 대해 사과하지 않을 것"이라고 덧붙였습니다.[2]

이는 인간 사회가 유지될 가능성을 짓밟는 행위를 전적으로 지지하는 처사로, 누구보다 존경받는 인물이 더없이 터무니없는 태도를 취한 것입니다. 놀랍게도 이 믿기 힘든 광경은 주류 진영 내에서 사실상 어떤 언급도 없이 지나갔는데, 이는 그 자체로 시사하는 바가 있습니다.

이 놀라운 상황이 빚어지게 된 배경을 살펴보자면 꽤나 흥미롭습니다. (이 책에서 상세히 다룰 여유가 없는) 일반적인 이유들도 있지만, 무척 독특하고 흥미로운 이유들도 있습니다. 10년 전에도 공화당은 이미 정상적 의회정치의 영역에서 크게 벗어나긴 했지만, 지도부가 진실임을 알고 있는 사실까지 전면 부정하지는 않았습니다. 이 같은 상황이 바뀌게 된 경위를 살펴보면, 계급 의식으로 무장한 재계에서도 가장 집요한 수구 세력의 손아귀에 장악된 현대 정치에 대해 상당한 통찰을 얻을 수 있습니다.

2019년 8월 데이비드 코크*가 세상을 떠난 뒤 이 세계를 엿볼 기회가 있었습니다. 코크의 사망에 맞춰 코크 제국과 미국 경제계를 심도 있게 파헤친 크리스토퍼 레너드Christopher Leonard의 연구 결과가 발표되었죠. 레너드는 여러 글과 인터뷰를 통해 자신이 발견한 내용들을 소개했습니다.

레너드는 데이비드 코크를 "기후변화 부정론의 끝판왕"이라고 평하는데, 인류가 유발한 지구온난화를 부인하는 코크의 태도는 그 뿌리가 무척 깊습니다. 레너드의 추산에 따르면 기후변화 부정에 실패할 경우 코크가 입을지도 모를 손실은 30년 혹은 그 이상에 걸쳐 수조 달러에 달하지만[3], 기후변화 부정에 그의 막대한 재산이 달려 있다는 사실과 코크의 태도가 관련이 있을지 모른다는 의혹은 잠시 접어두기로 합시다. 불신을 거두고 코크의 신념이 전적으로 진실되다고 인정해봅시다. 뭐 그리 놀랄 일도 아닙니다. 노예제도의 핵심 이론가였던 존 캘훈John Calhoun**도 틀림없이 남부의 잔인한 노예 수용소가 더 나은 문명을 만드는 데 꼭 필요한 기반이라고 진심으로 믿었을 테니까요. 이 밖에 다른 사례도 있지만, 예의상 언급하지 않겠습니다.

코크 형제의 기후변화 부정은 단순한 의견 피력의 수준을 크

---

* 공화당에 천문학적인 돈을 기부하며 기후변화 부정과 자유 지상주의 등 미국 보수주의 정치에 막대한 영향력을 행사해온 석유 재벌 코크 형제 중 동생
** 미국의 6, 7대 부통령

게 넘어섰습니다. 두 사람은 자신들의 부의 기반이 되는 화석연료 이용을 가로막는 그 어떤 조치도 취할 수 없도록 보장하기 위한 대대적인 캠페인을 시작했습니다. 이에 대해 레너드는 "데이비드 코크는 온실가스 규제를 제안하는 온건파 공화당 정치인은 누구라도 공직에서 밀어내기 위해 수십 년에 걸쳐 끈질기게 노력했다"고 말합니다.[4] 하지만 이 같은 노력이 전적으로 성공적이었던 것은 아닙니다. 2009~10년 공화당은 현실을 저울질하며 시장 기반 온실가스 배출 규제를 위한 탄소배출권 거래제cap-and-trade 계획 지지를 심각하게 고려했습니다. 존 매케인 상원의원은 2008년 공화당 대선 후보에 도전하면서 기후변화를 경고하기도 했죠. 하지만 마이크 펜스와 그와 뜻을 같이 하는 다른 사람들의 도움으로 코크 일당은 기후변화를 부정하는 당론을 따르지 않을 가능성이 있는 온건파 무리를 융단폭격하고, 공개 비방과 개인 후원의 두 가지 무기를 앞세워 반항아들의 팔을 비틀어 무릎 꿇리는 데 성공했습니다. 그 결과가 지금 우리 앞에 펼쳐진 상황입니다. '현실 민주주의'에 대한 교훈을 안겨준 대목이기도 합니다.

레너드는 코크 무리가 "자신들의 모습을 본떠 공화당을 만들어내려고 노력해왔다. 즉 기후변화 대응 조치를 고려하기를 거부할 뿐 아니라 문제가 실재한다는 사실 자체를 일관되게 부인하는 정당을 만들려고 시도해왔다"고 지적합니다. 이 시도는 굉장한 성공을 거두었습니다.

코크 일당은 정말 대단합니다. 이들이 동원하지 않은 수단이라고는 없습니다. 부유한 기부자들과의 인맥, 담론을 쥐락펴락 하는 싱크탱크, 미국 최대 규모의 로비 단체들, 풀뿌리 시민단체를 가장한 가가호호 방문 등을 통해 티파티*에 버금가는 움직임을 만들어냈습니다. 노동자의 권리 약화와 노조 파괴, 대중에 도움이 될 만한 정부 정책 저지 등 코크 일당의 노림수는 이 밖에도 많았습니다. 미국식 용어로 '자유 지상주의'라고 불리는 것들입니다.[5]

코크 형제 일당은 치밀한 계획과 함께 아무 대가도 치르지 않고 지구 대기를 오염시킴으로써 얻은 막대한 이익을 성공적으로 활용하는 데 탁월한 솜씨를 발휘합니다. 지구 대기오염은 경제 용어로는 그저 '외부 효과'에 불과합니다. 하지만 이는 개인의 부 축적과 기업 권력 강화에 크게 기여해온 신자유주의 기획이 위협받으면서 갈수록 노골화하는 야만적 자본주의를 상징합니다.

유럽과 마찬가지로 미국에서도 신자유주의가 횡행하던 시절에 공화 민주 양당 모두 우경화됐습니다. 민주당 지지층은 이제 거의 몇 년 전만 해도 '온건파 공화당원'이라고 부를 만한 수준이 됐습니다. 공화당 지지자들은 대부분 극우 성향으로 기울었죠. 비교 연구 결과 이들은 전반적 입장에서 유럽의 극우 정당과 어깨를 나란히 하는 것으로 드러났습니다. 뿐만 아니라 공화당은 앞서 언급한 대로 인류가 유발한 기후변화를 부정하는 유일

---

* 미국 독립의 도화선이 된 보스턴 차 사건에서 이름을 딴 극우 반정부 운동

한 보수 정당입니다. 세계 어느 곳에서도 유례를 찾기 힘든 현상입니다.

기후변화에 관한 지도부의 입장은 분명 정당 지지자들의 태도에 영향을 미칩니다. (영리한 밀레니얼 세대의 36퍼센트에 달하는) 공화당원 가운데 약 25퍼센트만이 인간이 지구온난화에 책임이 있다는 사실을 인정합니다.[6] 충격적인 수치죠. 뿐만 아니라 공화당원들이 최우선 순위로 꼽는 문제 가운데 지구온난화는 (설사 그 발생 사실을 인정한다 치더라도) 대통령 선거가 있는 2020년에도 변함없이 낮은 순위를 면치 못하고 있습니다.

현재 공화당이 인류 역사상 가장 위험한 조직이라고 주장한다면 터무니없다고 비난받을 수도 있습니다. 하지만 지구온난화에 따른 위험들을 고려할 때 그 밖에 달리 어떤 합리적 결론을 내릴 수 있겠습니까?

공화당의 방해가 아니었더라도 미국이 파리에서 구속력 있는 책임을 받아들였을 것 같지는 않습니다. 미국이 국제협약을 비준하는 일은 드물고, 비준하더라도 보통은 미국은 예외로 한다는 유보 조항을 달곤 합니다. 심지어 집단 학살 방지와 처벌에 관한 협약Genocide Convention**마저도 미국은 40년이 지나서야 서명하면서 정작 적용 대상에서 자국을 제외함으로써 집단 학살을 저지를 수 있는 권리를 계속 유지하고 있습니다. 그 밖에 다른 사

**   1948년 체결된 집단 학살을 국제적 범죄로 규정한 UN 협약

례도 많습니다.

파리 기후변화협약 문제로 돌아가면, 강제 조항이 빠진 직접적인 이유는 미국 공화당이지만, 세계 역사상 가장 위험한 조직인 공화당의 방해가 아니었더라도 미국이 구속력 있는 책임을 받아들였을 가능성은 희박했습니다.

이 같은 방해의 이면에는 알론 탈이 제기했던 여전히 풀리지 않는 의문이 하나 있습니다. 각국 정부가 이 위기에 현실적으로 대응하는 일이 왜 이다지도 힘든 것일까요? 그리고 더욱 깊은 이면에는 또 이런 의문이 존재합니다. 인류의 삶이 말 그대로 사라질 위기에 처했는데 왜 사람들은 이를 애써 모르는 체하는 것일까요?

경이로웠던 프랑스의 노란 조끼 봉기*의 한 참가자가 이 질문에 대한 답을 하나 내놓았습니다.

봉기를 촉발한 직접적 원인은 에마뉘엘 마크롱 대통령이 2018년 환경오염에 대한 우려를 빌미로 내놓은 유류세 인상안으로, 이는 지방에 거주하는 저소득층과 노동자에게 특히 큰 타격을 줄 수밖에 없는 조치였습니다. 그러나 보다 광범위한 배경에는 부자들에게 혜택을 주면서 저소득층과 노동자에게는 손해를 입히는 마크롱의 '개혁' 정책이 있었습니다. 많은 시위 참가자들이 그렇듯 열성적인 환경운동가인 듯한 이 참가자는 사회 지도

---

* 마크롱 정부의 유류세 인상을 계기로 프랑스에서 시작돼 주변 국가로 확산된 반정부 시위

　　　　기후 위기와 글로벌 그린 뉴딜

층이 "세상의 종말"을 논하지만 자신들은 "이달 말"을 어떻게 넘길지를 걱정한다고 꼬집었습니다. 당신네들이 주장하는 "개혁"을 우리가 어떻게 견뎌낼 수 있냐는 것이죠.

이는 아주 적절한 문제 제기로, 곧 파리를 비롯한 프랑스 상당수 지역을 휩쓴 민중 시위의 구호가 됐습니다. 환경운동에서 간과해서는 안 되는 문제이기도 합니다.

지구온난화에는 관념적인 느낌이 있습니다. 내일 아이들을 위해 식탁에 음식을 올리는 문제라면 모를까 누가 1.5℃와 2℃의 차이를 이해할까요? 물론 최근 폭풍과 폭염을 비롯한 기상이변이 잦아지긴 했지만, 다들 틀림없이 제 개인적 경험과 비슷한 일들을 떠올릴 수 있을 겁니다. 저는 매사추세츠에서 허리케인을 많이 겪으며 살았지만, 그 어떤 것도 거의 70년 전에 경험했던 허리케인만큼 사납지는 않았습니다. 따라서 기후는 늘 변하기 마련이라는 트럼프의 말이 사실일지도 모릅니다. 더 더운 날이 있으면 더 추운 날도 있는 것 아닐까요? 주된 관심사가 내일 식탁에 올릴 음식일 때 그런 함정에 빠지기 쉽습니다.

게다가 폭스뉴스에 따르면 수십억 명의 중국인과 인도인이 오염 물질들을 대기 중에 아무렇게나 쏟아내고 있다는데, 실내 온도를 낮추고 두터운 스웨터를 걸쳐 입는 것부터 시작해서 전반적으로 생활 방식을 간소화하자는 카터 대통령의 우울한 처방을 따라야 할까요?

아니면 버니 샌더스의 유세장에서 환호성을 질러대다가 인류가 제대로 생존할 가능성을 조금이라도 가지려면 석탄 생산을 중단해야 한다는 그의 말에 함성을 멈춘 웨스트버지니아의 광산 노동자를 생각해봅시다. 그 말에는 박수를 보낼 수 없었겠죠. 석탄 생산을 중단하면 자신은 실직자 신세가 될 수밖에 없고, 성장하는 서비스업이라든지 태양광 패널 설치도 그다지 매력적인 대안은 아니니까요. 다른 이유는 둘째 치고 그렇게 되면 힘겨운 노조 투쟁을 통해 얻어낸, 고용과 연계된 연금과 의료보험을 잃기 때문입니다. 일자리를 잃으면 개인의 존엄은 물론 생존 수단까지 잃게 됩니다.

여기서 우리는 1950년대 미국의 노동계가 내린 뼈아픈 결정을 만나게 됩니다. 당시 미국 노동계는 노사 협조주의를 택해서 기업 경영진과 협상을 통해 급여와 후생복리를 얻어내는 대신 근로 현장에 대한 통제력과 폭넓은 사회 개혁을 포기합니다. 미국 노동계 지도자들의 이 같은 결정은 캐나다 노동조합들이 노동자 자신뿐 아니라 전체 국민을 위한 건강보험을 얻어내기 위한 투쟁을 택한 것과 대조적이었습니다. 그 결과는 매우 뚜렷합니다. 캐나다는 제대로 작동하는 의료보험 제도를 보유한 반면, 미국은 의료비는 비슷한 나라들보다 두 배가량 비싼데 그에 따른 결과는 상대적으로 떨어지는 국제적 수치를 떠안고 있습니다. 이 지경이 된 데는 비효율과 관료화, 대부분 민영화된 미국 의료 시스템의 영리 추구 탓이 큽니다.

노사 협조주의를 택함으로써 미국의 노동계 지도자들은 앞서 소개한 웨스트버지니아의 광산 노동자를 비롯해 그와 비슷한 처지에 있는 사람들을 언제든 합의를 깰 수 있는 기업 소유주들의 처분에 속수무책으로 휘둘리는 존재로 전락시켰습니다. 역시나 기업 소유주들은 예상대로 행동했죠. 신자유주의 시대가 도래하자 이들의 전횡이 극적으로 표출됐습니다. 1978년 전미자동차노조UAW의 덕 프레이저 회장은 노조 지도자들이 계급투쟁을 포기하기로 합의했지만 경영자 계급은 결코 이를 포기하지 않았다는 사실을 마침내 인정합니다. 프레이저는 "재계 지도자들이 이 나라에서 일방적 계급투쟁, 노동자와 실업자, 저소득층, 소수집단, 어린아이와 노인, 그리고 심지어 우리 사회의 많은 중산층과 맞서 투생을 벌이는 길을 택했"으며 "앞서 성장과 발전의 시대에 존재했던 문서화되지 않은 허술한 합의를 파기했다"고 비난했습니다.[7]

별로 놀랄 것도 없는 일입니다. 특히 선진국으로는 드물게 계급의식으로 똘똘 뭉친 재계가 노동자들을 폭력적으로 억압한 쓰라린 역사를 가진 미국에서 벌어진 일이라면요.

뒤이어 미국 노동자들을 희생시키는 대가로 투자자와 기업 소유주 계급의 이익을 도모하기 위해 고안된 신자유주의 세계화의 시대가, 같은 기본 원칙을 따르는 신자유주의 '개혁'과 함께 나타났습니다. 그 결과는 잘 알려진 바와 같습니다. 부의 급속한 편중과 함께 민주주의의 작동에 예견된 결과를 초래했고, 실질 임금은 정체됐습니다. 노동자들의 구매력은 이제 40년 전 수준으로 뒷걸음질쳤습니다.[8] 노동조합은 극단적 반노조 성향의 레이건 정부 내내 혹독한 공격을 받았고, 레이건의 후임 대통령들이 집권하는 동안에도 이 같은 상황이 이어졌습니다. 노동운동의 붕괴는 신자유주의 정책의 주요 성과로, 이 정책들은 사회는 없고 오직 개인만이 조직화되지 않은 고립된 존재로 홀로 시장의 고난을 견뎌내야 하는 대처주의의 산물입니다. 이는 신자유주의가 1920년대 오스트리아에서 태동할 당시부터 이어져 온 핵심 원칙이었죠. 극우 '자유주의'의 거두 루드비히 폰 미제스Ludwig von Mises가 '건전한 경제'를 간섭으로부터 지켜낸다는 명목으로 1928년 활력 넘치던 오스트리아 노동운동과 사회민주주의에 대한 국가 폭력의 탄압을 열렬히 지지하며 오스트리아 파시즘의 기틀을 닦은 데 이어, 대표작 『자유주의Liberalism』에서 파시즘이 유럽의 문명을 구원했다고 찬양한 것도 이 때문입니다.

분명 원자화atomization 원칙은 손스타인 베블런Thornstein Veblen이 '기층민'이라고 칭한 사람들에게나 해당되는 일입니다. 개인 자산가나 기업 권력처럼 중요한 존재들은 계급의 목적 달성을 위해 고도로 조직화해 자신들의 이익을 위해 국가 권력을 조종하는 반면, 나머지 사람들은 마르크스가 당시 독재 정권들을 비난하며 쓴 표현을 빌리자면 '한 자루의 감자'* 같은 신세로 전락합니다. 자루 속 감자들은 조직화되지 않은 채로 점점 더 위태로

---

* 같은 기층민이라도 공장 노동자가 단결하는 반면 농민들은 자루 속 감자처럼 고립돼 있음을 빗댄 말

운 노동과 생활의 나락으로 빠져들면서 훨씬 더 쉽게 통제할 수 있는 존재가 됩니다.

웨스트버지니아의 광부를 비롯해 비슷한 처지의 많은 사람들의 문제로 돌아가보면, 이들이 노란 조끼 운동의 구호에 동조하면서도 환경 위기 극복을 위해 반드시 필요한 대중 동원은 거부하는 그럴 듯한 이유를 찾아내기란 어렵지 않은 일입니다.

이 모든 사실은 활동가들에게 중요한 교훈을 안겨줍니다. 노동운동의 부활은 여러 가지 이유에서 필수적인 과제입니다. 첫 번째 이유는 환경 위기입니다. 자루 속 감자들이 조직되고 적극적이고 열성적이 되면 환경운동의 주도 세력이 될 수 있습니다. 어쨌든 생활과 미래를 위협받는 사람들은 이들이니까요. 헛된 꿈이 아닙니다. 1920년대 활발하게 펼쳐지던 미국의 노동운동은 종종 직접적 폭력의 형태를 띤 국가와 재계의 탄압으로 인해 궤멸하고 맙니다. 노동사학자 데이비드 몽고메리David Montgomery의 명저 『노동조합의 몰락The Fall of the House of Labor』의 제목은 이 시기를 지칭합니다. 하지만 몇 년 뒤 적극적이고 전투적인 노동운동이 잿더미를 딛고 다시 피어올라, 신자유주의 공격의 희생양이 되기 전까지 위대한 전후 성장기 내내 미국인들의 삶을 크게 개선한 뉴딜 개혁의 선봉에 섰습니다. 버니 샌더스의 혁명적 정책도 뉴딜 정책을 거침없이 지지했던 드와이트 아이젠하워에게는 그리 놀라울 게 없었을 것이라는 사실을 유념할 필요가 있습니다.

마지막 보수 성향 대통령이 보인 태도를 되짚어보면서 신자유주의 시대에 우리가 얼마나 멀리 왔는지 살펴보는 것만으로도 가치 있는 일일지 모릅니다. 아이젠하워는 다음과 같이 선언했습니다.

노동자들이 조직화하지 못한 채 잔뜩 웅크린 무기력한 무리에 불과했던 시절로 시계를 거꾸로 돌리려는 바보 같은 꿈을 꾸는 사람은, 지지하는 정당을 불문하고 제게 필요 없습니다. (…) 낡은 생각을 버리지 못한 극소수 반동주의자들만이 노동조합 파괴의 불순한 마음을 품고 있습니다. 어리석은 자만이 남녀 노동자들에게서 자의로 노조에 가입할 권리를 박탈하려고 합니다. (…) 어떤 정당이든 사회보장제도와 실업보험을 폐지하고 노동법과 농업 지원 프로그램을 없애려고 한다면 우리 정치사에서 두 번 다시 그 정당의 이름을 듣지 못하게 될 것입니다. 이런 일들을 자행할 수 있다고 믿는 극소수 집단이 물론 있습니다. 이들 가운데는 (…) 몇몇 (…) 텍사스 석유 부호들과 함께 더러는 타 지역 정치인과 기업인도 있습니다. 이들의 수는 무시해도 좋을 만큼 적을 뿐더러 어리석기 그지없는 자들입니다.[9]

이들은 사실 절대 어리석지 않았습니다. 탄탄한 조직을 갖춘 채 열성적인 태도로 신자유주의 시대의 기본 추진력인 "이런 일들을 감행해도 좋다"는 기회가 나타나기를 기다리고 있었을 뿐입니다.

1930년대 노동운동의 부활이 중요한 선례이기는 하지만 더 최근 사례들도 있습니다. 환경운동 1세대이자 가장 저명한 환경운동가 중 한 사람이 노동조합 지도자인 토니 마조치^{Tony Mazzocchi} 석유화학원자력노조OCAW 위원장이었다는 사실을 기억하는 것이 좋습니다. 그가 이끄는 조합원들은 최전선에 서서, 날마다 일터에서 환경 파괴와 맞닥뜨리며, 개인의 삶을 겨냥한 기업의 맹공격의 직접적인 피해자가 됐습니다. 마조치의 지도 아래 OCAW는 1970년 산업안전보건법 제정을 주도했습니다. 근로현장의 노동자 보호를 목적으로 한 이 법은 마지막 진보 성향 미국 대통령인 리처드 닉슨*이 서명했는데, 미국에서 '진보'는 온건한 사회민주주의를 뜻합니다.

마조치는 강경한 자본주의 비판자이자 열성적인 환경운동가였습니다. 그는 노동자가 "지구 환경을 통제해야" 하며, 산업공해에 맞선 싸움에도 앞장서야 한다고 생각했습니다.

1980년 무렵 민주당이 노동자를 버리고 노동자의 적대계급으로 기울었다는 사실이 명백해지자, 마조치는 노조를 기반으로 한 노동당 창당을 주장하고 나섭니다. 이 계획은 1990년대에 상당한 진전을 이뤘지만, 1920년대를 방불케 하는 정재계의 집중포화로 인한 노동운동의 쇠락을 극복하지 못했습니다.[10]

---

* 닉슨이 공화당 소속 대통령임에도 최저임금 인상 등 사회복지 확충에 적극 나선 것을 빗댄 말

과거에도 그랬듯 이 계획을 되살릴 수 있습니다. 성장하는 서비스 산업에서 최근 목격되는 투쟁 행위들은, 박봉 해소뿐 아니라 더 중요하게는 심각한 재정 부족에 허덕이는 공립학교 제도—신자유주의가 노리는 또 다른 사회 공격 목표입니다—의 개선을 목표로 공화당 지지 주들에서 발생한 인상적인 교사 파업과 함께 앞으로 전개될 일들의 예고편일지도 모릅니다.

◆

우리가 온실가스의 영향에 대해 처음 알게 된 것은 19세기 중반입니다. 기후변화가 일어나고 있다는 사실 자체를 부정하거나 지구온난화 현상을 유발하는 게 인간의 활동이라는 사실을 부인하는 사람들이 여전히 있긴 하지만, 상당수 과학자들이 수십 년 전부터 지구 기온 상승의 잠재적 위협을 경고하기 시작했습니다. 하지만 지구온난화의 원인으로 인간 활동을 지목하는 것만으로 충분할까요? 이 위기가 지난 500년 동안 경제생활을 좌우해온 특정 경제체제의 산물임을 깨달아야 하지 않을까요? 또 만약 그렇다면, 자본주의와 기후 위기는 정확히 어떤 상관관계를 가지고 있을까요?

촘스키 칼 마르크스만큼 자본주의의 업적을 열렬히 찬양한 사람도 없습니다. 물론 마르크스는 자본주의가 인간적, 물질적으로 미친 끔찍한 영향에 주목하고 이를 파헤치는 것도 잊지 않았죠.

그 영향 중에서도 특히 '신진대사의 균열metabolic rift'은 존 벨라미 포스터John Bellamy Foster가 폭넓게 파고든 개념으로, 생명을 지탱하는 환경을 훼손하는 자본주의의 본질적 경향을 의미합니다.[11]

자본주의의 영향과 자본주의가 제공할 수 있는 선택지들을 고려할 때, 상당히 모호한 이 용어가 적용되는 체제의 실제 본질에 유념할 필요가 있습니다. 주요 국가자본주의 사회의 영역에서(개인적으로는 소련을 포함하고 싶지만 잠시 미뤄두겠습니다), 미국은 정통 자본주의의 극단에 위치하고 있습니다. 다른 어떤 나라도 25년 전 경제학자 조셉 스티글리츠Joseph Stiglitz가 비판했듯 "시장이 가장 잘 안다는 신념"을 이토록 떠받들지는 않습니다 (적어도 말로는 떠받든다고 하지만, 실천은 다른 문제죠). 그렇다면 과거 역사 내내 그리고 현재 미국의 경제체제가 어떤지 생각해 봅시다. 재해가 잦은 국토를 떠나 침략 전쟁을 통해 멕시코의 절반을 강탈함으로써 미국에 역사상 유례없는 천혜의 자연조건을 선사하는 과정에서 국가가 담당한 역할은 잠시 제쳐두기로 합시다.

미국이 경제 발전을 이룬 토대는(영국도 마찬가지입니다) 인류 역사상 가장 잔악한 제도인 노예제로, 이는 앞선 그 어떤 것과도 본질적으로 다른 제도였습니다. 노예제는 (스벤 베커트Sven Beckert가 적절하게 이름 붙였듯) 제조와 금융, 상업의 기반이 되는 '면화 제국'을 만들어냈습니다. 신성한 시장에 꽤나 심각한 개입이 이뤄진 것이죠. 그게 전부가 아닙니다. 높은 관세를 부과하는 해밀턴 시스템* 덕에 국내 산업의 발전이 가능해졌는데, 당시 막 식민지에서 해방된 미국의 주들은 농산물을 생산하면서 비교 우위에 있는 우수한 영국 공산품을 써서 경제의 건전성을 유지하라는 애덤 스미스의 권고를 단호히 거부했습니다. 지금 다른 나라가 하면 '도둑질'이라고 맹비난했을 방식으로 뛰어난 영국 기술을 이용한 것도 도움이 됐습니다. 경제사학자 폴 베어록Paul Bairoch이 미국이 전 세계 나머지 국가들을 압도할 만큼 경제 발전을 이룬 20세기 중반 이후로도 '자유 무역'만으로 충분히 유리한 고지를 점할 수 있는 상황에서 "보호무역주의의 모국이자 보루"를 자임했다고 평한 것도 무리가 아닙니다. 한 세기 전 영국이 걸었던 길을 그대로 따라간 것이죠. 폭넓은 관찰을 바탕으로 베어록은 "실제 상황이 보호무역주의의 부정적 영향에 관한 지배적 이론과 이토록 모순이 되는 경우를 찾기 힘들다"고 결론지었습니다.[12]

각설하고, 품질 관리와 대량생산을 통한 호환 가능 부품, 과학적 경영관리 기법으로 세상을 놀라게 한 미국식 대량생산 시스템은 대부분 정부 병기창과 군사시설에서 개발된 것들입니다. 오늘날로 눈을 돌려봅시다. '군산복합체'라는 이름으로 호도되지만 보다 정확히 말해 현대 첨단기술 경제는 세금 지원을 통해 수

---

* 미국 초대 재무장관 알렉산더 해밀턴이 유럽 선진국들의 경쟁을 물리치고 미국을 제조업 강국으로 만들기 위해 내놓은 경제개발 이론으로, 고율 관세를 통한 국내 산업 보호가 핵심

행한 연구 개발의 산물로, 대개 수십 년 동안 창의력을 쏟아붓고 비용 및 위험 부담을 감수하며 연구 개발을 이어오다 시장 적응과 수익 창출을 위해 민간 기업으로 이관되는 과정을 거칩니다. '공공 보조, 민간 이익'이라고 불릴 만한 이 시스템은 정부 조달을 비롯한 무척 다양한 형태를 띱니다. 컴퓨터와 인터넷 등 현재 우리가 사용하는 기술들이 이에 해당되지만, 그 밖의 사례도 굉장히 많습니다.

물론 상황이 그리 간단하지만은 않아 이 책의 설명이 수박 겉 핥기에 불과하겠지만, 우리의 논의와 관련된 요점은 이른바 자본주의는 산업 정책과 공적 보조금, 국가 주도와 시장 개입 등 주요 계획들을 쉽게 수용할 수 있으며 자본주의가 존재해온 내내 그래왔다는 것입니다. 이 같은 사실이 현재 생태 위기에 시사하는 바는 분명합니다.

구체적 질문으로 돌아가면, 이념적 그리고 제도적 측면 모두에서 자본주의의 기본 요소들을 아무런 제약 없이 방치할 경우 조직화된 사회생활의 근간이 파괴되는 결과로 직결됩니다. 우리는 매일같이 그런 일들을 극적으로 목격하고 있습니다.

거대 에너지 기업 엑손모빌에 관한 뛰어난 사례 연구를 살펴봅시다. 1960년대부터 엑손모빌 소속 과학자들은 지구온난화의 심각한 위험을 밝혀내는 데 앞장서왔습니다. 그러던 1988년 지구물리학자 제임스 핸슨James Hansen이 위험의 심각성을 처음으로 공개 경고하고 나섭니다. 이에 엑손모빌 경영진은 다양한 형태의 기후변화 부정 계획에 착수하는 것으로 대응했는데. 노골적 부정은 너무 쉽게 반박당할 수 있기 때문에 보통은 의혹을 제기하는 수준에 머물렀습니다. 이러한 행태가 현재까지 이어지고 있는 것입니다. 최근 엑손모빌은 미국항공우주국NASA이 기후학자의 97퍼센트가 지구온난화가 인간의 활동에서 비롯됐다는 데 동의한다고 발표한 데 맞서 코크 형제와 공동으로 NASA에 공식 항의했습니다. 97퍼센트의 동의는 매우 면밀한 조사를 통해 분명히 확인된 사실이지만, 기후변화 부정론자들은 이 수치에 대한 의혹 제기를 핵심 전략 요소로 내세워 적잖은 성공을 거둬왔습니다. 압도적 지지를 받는 견해에 기후학자의 90퍼센트 이상이 동의한다는 사실을 아는 미국인이 20퍼센트에 불과하기 때문입니다.[13]

모든 것이 엑손모빌이 순전히 기만행위를 하고 있다는 사실을 뻔히 알면서 벌인 일들로, 이로 인해 초래된 결과들은 더없이 해로웠습니다.

기후변화 부정론보다 훨씬 더 해로운 것은 관행입니다. 엑손모빌은 화석연료 생산 확대를 선도하는 기업입니다. 일부 다른 거대 석유 기업과 달리 엑손모빌은 아주 적은 돈도 지속 가능한 에너지에 허비하지 않고 싶어 합니다. 2014년 3월 경제지《블룸버그 비즈니스위크》는 "엑손모빌이 2014년 3월 주주들에게 보낸 탄소 리스크 관련 보고서에서 세계가 훨씬 더 많은 에너지를 필요로 하며 대대적 탄소 감축 가능성이 '거의 없으므로', 기후변

화에도 불구하고 화석연료에 전적으로 집중하는 자사의 전략은 건전하다고 주장했다"고 보도했습니다.[14]

해명의 기회를 주자면, 엑손모빌이 자본주의 논리를 따르는 데 있어 경쟁 기업들보다 더 솔직한 태도를 보이는 것뿐이라고 주장할 수도 있습니다. 위의 기사는 셰브론Chevron이 환경을 파괴하는 쪽이 더 이익이 된다는 이유로 지속 가능 에너지 관련 소규모 프로젝트들이 이윤을 내는 상황에서도 이를 종료하기로 결정했다고 전했습니다. 다른 기업들도 별로 다를 게 없습니다. 로열더치셸Royal Dutch Shell은 난분해성 플라스틱이 바다를 파괴할 것이라는 사실을 분명히 알면서도 현재 이를 생산하기 위한 거대한 공상의 선설을 널리 홍보하고 있습니다..[15]

바로 그런 냉소주의가 지배계급 내 곳곳에 만연해 있습니다. JP모건 체이스의 CEO는 여느 식자층만큼이나 지구온난화의 심각한 위험을 잘 이해하고 있고, 개인적으로는 환경운동 단체 시에라클럽에 기부도 하는 듯합니다. 하지만 그는 화석연료 개발에 막대한 자원을 쏟아붓고 있는데, 그중에는 위험성이 가장 높은데도 에너지 업계가 선호하는 캐나다의 타르샌드*도 있습니다.

이 밖에도 다른 사례를 나열하는 것은 어렵지 않습니다. 모두 완전무결한 자본주의 논리를 추종하기 때문에, 행동의 결과가

---

* 원유를 포함하는 모래 또는 사암으로 오일샌드라고도 부름

무엇일지를 정확히 알지만 어떤 의미에서는 개인적인 선택의 여지가 없다고 볼 수도 있습니다. 만약 CEO가 다른 마음을 먹는다면 같은 일을 할 누군가로 교체될 겁니다. 문제는 제도에 있습니다. 단순히 개인을 비난할 문제가 아닙니다.

이 암울한 사례들에 유수 매체에 자주 실리는 낙관 일색의 기사들을 보탤 수도 있습니다. 이 기사들은 수압파쇄법*이 우리를 파멸로 이끌 화석연료 생산에서 미국이 다시 한번 선두주자로 나서게 해준 과정을 소개하면서, 이 기술이 그게 무슨 뜻이든 '에너지 독립'을 달성하고 미국이 에너지 시장에 대한 우려 없이 이란이나 베네수엘라 국민들에게 최대한의 고통을 안기는 것 같은 (명목상으로는 무해한) 국제적 목표들을 추구할 영향력을 선사했다고 찬양합니다. 가끔은 환경에 미치는 영향에 관해 언급하는 기사가 실리기도 합니다. 와이오밍의 수압파쇄법이 목장의 급수원을 망가뜨릴 수도 있다는 것입니다. 하지만 이 기술이 생명의 미래에 어떤 의미를 갖는지 비판하는 기사를 찾아봐야 헛수고일 겁니다.

다시 한번 해명의 기회를 주자면, 인간의 생존 같은 부차적 문제를 거론하는 것이 '객관성'이라는 규범을 위반하고 '편견'을 불러일으킨다는 사실을 깨달아야 한다는군요. 편집자들이 배치한 기사는 수압파쇄법과 이 기술이 미국이 화석연료 생산에서

---

* 고압의 물을 다량 분사해 지층에 갇힌 석유나 천연가스를 추출하는 방법으로, 지진 유발과 수질 오염 등 극심한 환경 파괴를 일으킨다고 비난 받는 기술

우위를 점하는 데 기여하는 바를 다룬 것이랍니다. 따라서 생존의 문제는 가물에 콩 나듯 실리는 독자 의견란에 맡겨야 한답니다. 그 결과는 물론 "걱정할 필요 없다"는 생각을 더욱 깊이 심어 주는 것이겠죠. 문제가 있다 해도 인간의 재주로 대처 방법을 찾아낼 테니까요.

마지막으로 대기업 경영진뿐 아니라 가장 극단적인 기후변화 부정론자들조차 자신들에게 일말의 책임이 있는 재앙이 임박했다는 사실을 잘 알고 있다는 점을 언급해야 할 것 같습니다. 10년 전 코크 형제에게 백기 투항할 때도 사실 그랬습니다. 그도 아니면 자신이 소유한 골프장을 해수면 상승으로부터 지킬 목적으로 방벽을 선설하게 해달라고 아일랜드 정부에 승인을 요청할 만큼 상황 인식이 뛰어난 대통령도 있었습니다.[16] 문제없이 넘어가기 힘든 것도 있는가 봅니다.

끝으로 인류 역사상 가장 충격적인 문서로 꼽힐 만한 으뜸 후보를 하나 보낼 수도 있습니다. 트럼프 행정부가 2018년 8월 발간한 이 문서는 도로교통안전국NHTSA이 펴낸 500페이지 분량의 환경영향평가 보고서로, 자동차 배출가스 억제를 위해 추가적인 규제 조치가 필요 없다는 것이 결론입니다. 저자들의 논거는 탄탄합니다. 이들은 평가 결과 21세기 말이면 기온이 산업혁명 이전 수준 대비 4℃ 상승해 과학계가 대재앙이라고 간주하는 수준보다 두 배가량 더 상승폭이 클 것으로 결론 내렸습니다. 그러나 자동차 배기가스는 전체 재앙에서 하나의 원인일 뿐입니다. 따라서 어차피 우리가 머지않은 미래에 절벽에서 추락할 운명이라면, 세상이 불타는 동안 실컷 차를 몰아 네로 황제*를 훌쩍 뛰어넘는 편이 낫지 않을까요?[17]

역사적 기록에서 이만큼 악의적인 문서를 찾아낼 수 있다면 그게 도대체 무슨 내용일지 궁금합니다. 1942년 1월 나치 지도부가 소집한 반제 회의**조차 유럽 거주 유대인의 말살을 촉구했을 뿐, 지구상의 인간과 동물의 생명 대부분을 말살하자고 주장하지는 않았습니다.

하지만 늘 그래왔듯 이 조사 보고서는 사실상 어떤 지적도 받지 않고 발표되고 배포됐습니다.

트럼프 행정부의 주장은 물론 공화당 지도부의 범죄에 가까운 광기가 널리 퍼져 재앙을 피하기 위한 어떤 조치도 이행되지 않는 것을 전제로 합니다. 하지만 말로는 적절하게 표현할 길 없는 그 같은 태도를 잠시 제쳐두고, 이 대목에서 중요한 것은 트럼프 정부와 공화당이 자신들이 무슨 짓을 하는지 분명하게 인식하면서도 파멸적인 화석연료의 사용을 늘려 주요 지지층인 부자들과 민간 권력의 그렇지 않아도 터질 듯 두툼한 지갑을 가득 채우려고 발버둥치고 있다는 사실입니다.

간단히 말해 자본주의 논리를 아무런 제약 없이 방치할 경우

---

* 재임 중 로마에 대화재가 발생했을 때 책임을 덮어씌워 기독교도를 대학살한 폭군
** 나치가 유대인 대량 학살의 효과적 실행을 모의하기 위해 연 회의

파멸로 가는 지름길이 됩니다. 하지만 단지 시간의 척도만 고려해도 인간 존재가 달린 문제들을 국가자본주의 체제의 틀 안에서 다뤄야 한다는 사실이 드러납니다. 이 틀 안에 급진적 시장 개입과 주요 국가 계획들을 담을 수 있습니다. 이 같은 선택지들을 개발하는 것이 사회운동의 중요한 과제 중 하나입니다. 동시에 이 논리를 뿌리 뽑아 건전한 사회의 토대를 마련하는 것 역시 또 다른 과제입니다.

기회는 얼마든지 있습니다. 토니 마조치가 주도했던 계획은 이미 언급한 바 있습니다. 그들이 거둔 성공은 충분히 현실성이 있었고, 이는 지금도 마찬가지입니다. 다른 사례도 있습니다. 사고실험을 한번 해볼까요. 2008년 금융위기가 닥쳤을 때 엄정한 자본주의 논리에 얽매이지 않은, 아마도 버니 샌더스 같은 인물이 대통령에 재임 중이었다고 가정해봅시다. 나아가 그 대통령이 의회의 지지와 함께 활동가들이 주도하는 대중운동의 지지까지 받았다고 가정해봅시다. 여러 가지 선택이 가능한 상황이었습니다. 그중 하나가 금융시장 붕괴의 책임이 있는 금융기관들에게 세금으로 구제금융을 제공하고, 집을 잃은 피해자들에게도 지원금을 주는 의회의 입법을 수용하는 것이었을 겁니다. 하지만 그러한 가능성은 묵살됐습니다. 그중 유독 첫 번째 임무만 이행할 가치가 있다고 여겨졌는데, 이러한 결정에 부실자산구제프로그램TARP 감사 책임을 맡은 닐 바로프스키Neil Barofsky 재무부 특별감사관은 분노를 금치 못했습니다(바로프스키는 훗날 이 부도덕한 행위를 격앙된 목소리로 고발하는 책을 펴냈습니다).[18] 분명 다른 선택이 가능한 상황이었습니다.

하지만 여전히 현실세계에서 벗어나지 않는 선에서 좀 더 상상력을 발휘해봅시다. 금융위기가 닥쳤을 때 오바마 전 대통령은 미국의 자동차 산업을 사실상 국유화했습니다. 미국 산업 체제의 주역들이 실질적으로 정부 관리 아래에 놓이게 된 것입니다. 이 단계에서도 몇 가지 선택지가 생겼습니다. 하나는 당시 즉각적으로 채택된 방안으로, 자동차 산업을 어쩌면 회사명만 바꾼 채 이전 소유주와 관리자 들에게 돌려줘서 예전처럼 다시 이윤 추구를 위해 자동차를 생산할 수 있게 해주는 것입니다. 또 다른 선택은 자동차 산업을 주주와 노동자, 지역사회에 넘겨 미국 산업 체제의 핵심 부문을 사실상 사회적 기업으로 바꾸는 것입니다. 그랬더라면 아마도 자동차 업체들이 이윤만을 좇는 대신 인간의 생명을 중시해서, 교통체증에 갇혀 하루에도 몇 시간씩 매연을 내뿜는 것보다 효율적인 대중교통 수단을 이용하는 편이 더 나은 삶을 만들어낸다는 사실을 깨닫고 생산품을 변경하기로 결정함으로써, 임박한 환경 위협을 크게 완화하는 데 기여했을지도 모릅니다.

미국 산업 체제의 핵심 부문을 노동자와 지역사회가 통제하게 함으로써 진정한 의미의 사회적 기업으로 만드는 일은 여러 가지 면에서 복잡한 시도로, 노동운동의 부활 등 새로운 발전을 불러일으키는 것 이상의 광범위한 영향을 미치게 될 것입니다. 상상을 뛰어넘는 꿈같은 이야기일까요? 그렇지는 않은 듯합니다. 규모는 작을지언정 그런 기회는 끊임없이 생겨납니다. 최근 몇 년 새 종업원 소유 제도와 협동조합 계획이 빠르게 확산되고 있습니다. 가 알페로비츠Gar Alperovitz가 창안한 넥스트 시스템 프로젝트Next System Project는 이런 다양한 시도들을 조율하고 이를 이행하면서 미하일 바쿠닌Mikhail Bakunin*의 처방대로 현재 사회 안에서 자유롭고 민주적인 미래 사회의 기틀을 다져가고 있습니다. 이보다 훨씬 더 큰 목표들도 현실적으로 고려할 수 있습니다.[19]

대중 행동주의와 대중적 압력의 잠재력 역시 간과해서는 안 됩니다. 2020년 초반 사례들 낯 가시만 늘자면, 환경 운동 단체 멸종 저항Extinction Rebellion에 유출된 고객 제공 보고서에서 JP모건 체이스는 기후온난화에 대해 깊은 우려를 드러냈습니다. 《가디언》의 보도에 따르면 이 은행은 현재 궤도를 수정하지 않는 한 "기후 위기로 인류의 생존이 위협받고 있으며, 돌이킬 수 없는 결과들로 인해 지구가 지속 불가능한 경로로 접어들고 있다"고 고객들에게 경고했습니다. 이 은행은 또 화석연료 관련 투자의 "평판 위험reputational risk" 때문에 자사의 투자 전략을 바꾸지 않을 수 없다고 시인했습니다.[20]

'평판 위험'은 여론의 압력을 지칭하는 말입니다. '화석연료

---

* 실천적 무정부주의를 주장한 러시아 혁명가

업계의 세계 최대 큰손'의 투자 전략을 바꾼다면 작은 성과가 아닐 겁니다.

사례를 하나 더 들자면 세계 최고 부자 제프 베이조스Jeff Bezos는 2020년 2월 새로 조성한 베이조스 지구 기금Bezos Earth Fund을 통해 "우리 모두가 공유하는 이 행성에서 일어나는 기후변화의 끔찍한 영향"에 맞서 싸우려는 노력을 지원하기 위해 과학자와 활동가 들에게 100억 달러의 보조금을 제공하겠다고 선언했습니다. 《워싱턴포스트》에 따르면 베이조스의 발표는 "'기후 정의를 위한 아마존 직원' 모임에 속한 이 회사 직원들이 소매 기업이자 거대 기술 기업인 아마존이 탄소 발자국 감축 노력을 강화해야 한다고 주장하며 항의의 표시로 파업에 돌입하기로 한 하루 전"이자 공영방송 PBS의 프로그램 《프론트라인Frontline》이 '아마존 제국'의 관행을 파헤치는 탐사보도를 방영하는 당일에 나왔습니다. 역시나, 대중 행동주의의 산물이었던 것입니다.[21]

의식과 관행에 의미 있는 영향을 미칠 기회는 많습니다.

🍂

현재 기후 위기의 책임이 사실 자본주의가 아니라 산업화 자체에 있다는 주장에 대해서는 어떻게 생각하시나요? (소련과 동유럽 등) 이른바 사회주의 세계가 과거에 존재했던 길지 않은 시간 동안 환경 훼손을 야기한 것은 어쨌든 명백한 사실이니까요.

촘스키 "이른바"라는 단어를 강조하고 싶군요. 이 대담에서 그 문제를 파고드는 것은 적절치 않지만, 주요한 선전 체제의 주장은 신중하게 살펴봐야 합니다. 지금까지 두 가지 주요한 선전 체제가 있었습니다. 거대한 미국 체제와 한심하기 짝이 없는 동구권 체제죠. 양측이 많은 면에서 의견을 달리했지만, 모든 면이 달랐던 것은 아닙니다. 양측 모두 철저하게 변질된 동유럽 사회주의를 '사회주의'라고 봤는데, 미국은 사회주의를 깎아내릴 목적이었던 반면 소련은 사회주의의 도덕적 후광에 편승하려는 의도였습니다. 우리가 마지못해 상대를 따라간 게 아닙니다.

자본주의 논리를 아무런 제약 없이 내버려두면 환경 파괴로 직결된다고 해서 자본주의 논리가 이 같은 결과를 초래할 가능성이 있는 유일한 원인이라는 뜻은 아닙니다. 가난에 찌든 소작농 사회로 수 세기 동안 서구 국가에 비해 끊임없이 쇠락하던 러시아가 전쟁의 끔찍한 상흔에도 불구하고 주요 산업 강국으로 변모하게 된 혹독한 과정에 대해서는 할 말이 무척 많습니다. 하지만 환경에 미친 영향이 엄청났다는 사실을 부정할 수는 없습니다.

서구식의 산업화는 ('면화 제국'를 비롯해 현대 경제 근간의 상당 부분을 만들어낸) 노예제와 (영국에서 풍부하게 발견된 데 이어 다른 지역에서도 발견된) 석탄에 이어 20세기 들어서는 석유에 의존했습니다. 이는 불가피한 일이었을까요? 어쩌면 전혀 다른 종류의 산업사회를 발전시킬 다른 길이 있었을까요? 이 문제는 아직 폭넓게 다뤄진 바 없고, 해답이 분명해 보이지도 않습니다. 이 문제를 살펴보기 전까지는 '산업화 자체'를 비난하는 것은 지나친 처사라고 생각합니다. 우리가 선택하지 않은 길이, 근본적으로 다른 길이 있었을지도 모릅니다.

♣

폴린 교수님은 자본주의와 기후변화의 관계에 대해 어떻게 생각하십니까?

폴린 자본주의의 번영은 분명 화석연료를 태워 에너지를 생산하고 기계를 돌리는 것과 대단히 밀접한 관계가 있습니다. CO_2 배출로 인한 대기오염 역시 따라서 산업자본주의의 출현과 관련이 있습니다.

그러나 이런 관련성이 1700년대 후반부터 1800년대 초반까지 산업혁명이 일어나면서 제조업 자본가 대부분이 기계를 돌리기 위한 에너지원을 필요로 하게 된 것에 국한된 문제는 아닙니다. 정확히는 1830년대 영국에서 면화를 시작으로 여러 가지 제품 생산에 석탄이 집중적으로 사용되기 시작했습니다. 당시 석탄은 수력을 대체하며 제조업의 주요 에너지원으로 자리매김하는 중이었습니다. 1850년 무렵이 되자 전 세계 화석연료 사용으로 인한 CO_2 배출량의 60퍼센트가 영국에서 석탄을 태울 때 발생했습니다.

하지만 안드레아스 말름Andreas Malm이 『화석 자본Fossil Capital』
를 비롯한 여러 저술에서 상세히 설명했듯 19세기 초 영국의 제
조업체들이 수차 대신 석탄과 증기기관으로 전환한 것은 석탄과
증기기관이 수력의 대안으로 비용이 더 저렴하기 때문이 아니었
고 더 깨끗했기 때문은 더더욱 아니었습니다. 사실 수력이 가격
은 더 저렴했고, 수력으로 기계를 돌리는 기술도 더 발전된 상태
였습니다.

정확히 말하자면, 석탄과 증기력의 압도적 장점은 특정한 장
소에 얽매이지 않는다는 점이었습니다. 수력은 강한 물줄기가
위치한 곳 인근에서만 얻어낼 수 있습니다. 반면 석탄을 사용하
면서부터는 석탄을 운송해서 태울 수 있는 곳 어디든 제조업체
를 지을 수 있게 됐습니다. 그 덕에 기업들이 사람들을 공장으로
일하러 오게 만들기가 한결 수월해졌죠. 잘 알려진 대로 당시 근
로 환경은 대부분 지독히도 형편없었으니까요. 말름의 설명은
다음과 같습니다.

제조업체가 계곡 사이로 흐르거나 좁은 강폭을 끼고 도는 강한 물
줄기를 찾아내더라도 공장에서 일할 마음이 있는 지역 사람들까지
만날 가능성은 그리 높지 않았다. 한 지붕 아래 모여 관리자의 엄격
한 통제를 받으며 기계 앞에 앉아 정확히 시간을 지키면서 장시간
일을 할 기회는 대부분의 사람들에게, 특히 시골 사람들에게는 혐
오스러운 일로 여겨졌다.[22]

반면 말름은 이런 설명도 덧붙입니다.

증기는 도시로 가는 차표 같은 것으로, 그곳에는 풍부한 노동력이 기다리고 있었다. 증기기관은 절실히 필요한 에너지를 담을 새로운 저장 수단을 제공해주지는 못해도 이용 가능한 노동력에 접근할 수 있게 해주었는데, 이는 끊임없이 흐르는 수력의 풍부함과 저렴한 가격, 기술적 우위를 능가하기에 충분한 장점이 됐다.[23]

이처럼 이용 가능한 노동력을 공장으로 불러들일 수 있는 곳에 제조업체를 지을 수 있도록 자본가들에게 새로운 자유를 선사한 것이 결과적으로 자본주의가 영국 국경을 넘어 유럽 전역과 북아메리카, 그리고 여러 유럽 열강의 식민지로 뻗어나가는 추진력이 됐습니다. 마르크스도 『공산당 선언』 1장에서 이러한 자본주의의 폭발적 성장을 다음과 같이 생생하게 묘사했습니다. "부르주아 계급은 자신이 만든 생산물의 판로를 끊임없이 확장하려는 욕구 때문에 지구상의 모든 곳으로 내몰린다. 이들은 세계 곳곳에 뿌리내리고, 곳곳에 정착하고, 곳곳에서 관계를 맺어야 한다."[24] 마르크스 시대에 제조업 자본가들이 수력을 사용할 때처럼 장소에 얽매였다면 곳곳에 뿌리내리고, 곳곳에 정착하고, 곳곳에서 관계를 맺을 수는 없었을 것입니다.

이와 함께 우리가 사는 현대에도 좋든 나쁘든 에너지원을 전적으로 석탄과 석유, 천연가스에 의존하지 않고도 자본주의가 특별한 문제없이 작동할 수 있다는 사실을 우리는 분명히 압니다. 중국과 미국, 브라질, 러시아를 비롯한 세계 곳곳에서 수력발전으로 생산한 전기로 구동되는 기계를 운전하는 데 노동자들이 투입되고 있습니다.

하지만 태양광과 풍력을 비롯한 청정에너지의 공급 확대가 공공과 개인, 협동조합 등 다양한 소유 구조의 결합, 즉 자본가와 비자본가 그리고 이들이 손을 잡은 복합적 소유 구조를 통해 설립할 수 있는 소기업들을 위한 기회를 만들어내고 있는 것 또한 사실입니다. 이 비기업형 사업체들은 대개 전통적 대기업에 비해 꽤 좋은 실적을 거둬왔습니다. 이를 분명히 보여준 분야가 서유럽 그중에서도 특히 독일과 덴마크, 스웨덴, 영국의 지역사회 기반 풍력발전 단지들입니다. 미국 중서부 농장 지대에도 이 풍력발전 단지 모델의 변형된 형태가 등장하고 있습니다. 크고 작은 규모의 개인 농부들이 농작물을 재배하고 소를 방목하는 농경지 위에 풍력발전 터빈을 설치하고 있습니다. 이 같은 농경지의 2차적 사용은 농부들에게 종종 상당한 규모의 추가 수입원을 제공합니다.

요컨대, 말름이 생생히 묘사한 것처럼 화석연료 기반 에너지 체제의 토대 위에 세계 자본주의가 등장한 것만은 분명합니다. 필연적인 청정에너지 전환을 통해 보다 민주적이고 평등한 사회로 나아가는 중요한 초석 하나를 놓는 것 역시 가능한 일입니다. 그러나 이런 결과가 절대 보장된 것이 아니라는 사실을 분명히 인식해야 합니다. 청정에너지든 아니면 다른 분야든 어떤 기술도 그 자체만으로는 의미 있는 사회 변혁을 이뤄낼 수 없습니다. 평등한 사회변혁은 사람들이 효과적 투쟁을 통해 정치적 행동을 만들어낼 때 비로소 이뤄집니다. 그 같은 정치적 행동이 생겨났을 때 청정에너지 같은 기술이 핵심 조연 역할을 확실히 수행할 수 있습니다.

♣

자본주의의 목적은 오로지 이윤으로, 화석연료는 자본주의라는 야수에게 먹이를 던져 주는 에너지원으로 비판받고 있습니다. 화석연료에서 탈피해 새로운 에너지원을 찾으려는 노력을 이어가면 자본가들의 이윤이 위협받지 않을까요?

폴린 화석연료 자본가 개개인의 이윤이 위협받고 있는 것은 분명합니다. 분명 화석연료 기업들은 향후 30년 내에 전부 문을 닫거나 아니면 적어도 크게 규모를 줄이지 않을 수 없을 것입니다. 현재 이용 가능한 최선의 추정치에 따르면 현재 이 민간 기업들이 보유한 '태울 수 없는' 석유와 석탄, 천연가스의 매장량은 약 3조 달러어치에 달합니다. 지구의 기후를 안정시킬 제대로 된 기회를 가지려면 이 매장량은 절대 태우면 안 되고 이를 통해 자본가들의 이익으로 전환돼서도 안 됩니다.

물론 화석연료 기업들은 아직 땅 밑에 묻혀 있는 이 석유와 석탄, 천연가스를 팔아 막대한 이윤을 남길 권리를 찾으려고 가능한 모든 수단을 동원해 싸울 것입니다. 하지만 화석연료 기업들이 실제로 3조 달러에 달하는 태울 수 없는 자산을 팔지 못하더라도 나머지 세계경제에 큰 문제를 야기하지는 않을 것이라는 점 또한 이해해야 합니다. 간단한 숫자를 예로 들어 설명해보겠습니다. 3조 달러는 분명 엄청난 돈입니다. 하지만 2019년 기준으로 3조 달러는 모든 자산과 미지불 부채 자산의 가치를 합친 전 세계 민간 금융자산 총액 317조 달러의 1퍼센트에도 못 미치는 액수입니다.[25] 뿐만 아니라 개인 소유 화석연료 자산 가치의 예상 감소액 3조 달러는 단번에 발생하는 게 아니라 30년에 걸쳐 점진적으로 일어날 전망입니다. 평균적으로는 매년 1000억 달러의 자산 손실이 발생하게 되는데, 이는 전 세계 금융시장 현재 가치의 0.03퍼센트에 불과합니다. 반면 2007~09년 미국 주택 가격 거품과 뒤이은 금융 붕괴의 결과 미국의 주택 소유자들은 2000년 한 해에만 16조 달러의 자산 가치 손실을 입었습니다. 이는 화석연료 기업들이 직면할 연간 손실의 160배에 달하는 규모입니다.

화석연료 자산 가치가 20~30년에 걸쳐 점진적으로 떨어질 것이라는 사실은 화석연료 기업을 소유한 주주들이 보유 주식을 팔아 돈을 다른 주식으로 옮길 기회가 충분히 있을 것이라는 뜻이기도 합니다. 중요한 사례 하나로 2008년 세계에서 가장 유명한 투자자이자 세계 3위 부자인 워런 버핏이 지주회사 버크

셔 해서웨이의 태양광 및 풍력 에너지 관련 기업 주식 보유액을 150억 달러로 두 배 늘린다고 발표했습니다. 그것도 버크셔가 대량 보유한 기존 전력 회사 주식을 그대로 유지한 상태에서 이 같은 결정을 내린 것입니다.[26]

화석연료 기업들도 버핏의 사례를 본받아 청정에너지 분야로 사업을 다각화할 수 있습니다. 사실 이 기업들의 광고 캠페인을 액면 그대로 믿는다면 이미 그렇게 하고 있어야 합니다. 하지만 현실은 이 기업들의 청정에너지 분야 진출은 전체 사업에서 여전히 극히 일부분에 불과합니다. 지난 수십 년 동안 이 기업들은 화석연료 에너지 생산과 판매를 통해 엄청난 이익을 낼 수 있는 능력을 키워왔습니다. 이들이 청정에너지 분야에서 비슷한 수준의 수익을 달성할 가능성은 높지 않은데, 이는 태양광과 풍력 기술로는 화석연료 기술보다 훨씬 더 적은 규모로 전력을 생산할 수 있기 때문입니다. 예를 들어 우리는 전 세계 거의 모든 곳에서 평범한 주택 소유자가 지붕에 태양광 패널을 설치하면 필요한 전기를 백 퍼센트 스스로 만들어내 돈을 절약할 수 있다는 사실을 압니다. 시간이 흘러도 화석연료 기업들이 이들과 경쟁할 방법은 없을 겁니다.

보다 일반적인 사실로 논의를 이어가봅시다. 청정에너지 전환 과정은 화석연료 기업들에게 위협적일 것입니다. 석유 채굴과 송유관 건설 회사, 석탄을 수송하는 철도 회사, 현재 화석연료를 태워 전기를 생산하는 모든 전력 회사가 마찬가지입니다. 하지만 그 밖의 다른 기업들이 에너지 공급원으로 석유와 석탄, 천연가스 대신 태양광과 풍력 에너지에 의존해야 한다고 해서 이윤에 타격을 입을 것으로 예상할 필요는 없습니다. 육상 풍력이나 태양광 패널로 생산한 전기는 이미 석유나 천연가스로 생산한 전기와 가격이 거의 비슷합니다. 또한 청정에너지의 생산 원가는 기술이 점점 더 폭넓게 이용될수록 하락할 수밖에 없습니다. 특히 지난 40년 간 신자유주의 아래 불평등이 극심해진 터라 자본가들의 이윤을 최대한 억제해야 할 명분은 충분합니다. 그러나 청정에너지 전환만으로 이러한 결과가 저절로 만들어지지는 않을 것입니다.

자본주의가 청정에너지로 전환하지 못 할 것이라고 생각할 이유는 없지만, 사실 신자유주의 시대에 단기적 이익에 매몰된 사고방식이 대다수 투자자들의 행동 지침이 된 상황에서 기후 위기 탈피를 위해 자본가들에게 의존하는 것은 다소 순진한 태도 아닐까요?

폴린 솔직히 말해 자본가들 스스로 우리를 기후 위기에서 구원해줄 것이라고 생각하는 사람은 없습니다. 앞서 언급한 2019년 1월 탄소세 도입 지지 성명서에 서명한 많은 저명한 정통 경제학자들조차 자본가들이 생태 파괴에 따른 손실을 재무제표에 반영하도록 강제하기 위해서는 정부 개입이 필요하다고 확신합니다. 그것이 바로 이들의 탄소세 지지 선언 뒤에 깔린 생각입니다.

그렇다면 진짜 문제는 다음과 같습니다. 전 세계 기후 안정화 계획에 성공적으로 착수하려면 자본주의 시장의 일상적 작동에 어느 정도의 공공 개입이 필요할까요? 제 생각에는 앞서 언급한 대로 탄소세가 독립적인 정책임을 감안할 때 문제 해결을 위해서는 탄소세보다 훨씬 더 강력한 형태의 정부 개입이 필요할 것으로 보입니다. 사실 강력한 규제와 함께 주요 경제 분야에 대한 공공 투자, 민간 부문 녹색 투자에 대한 공적 보조금도 필요합니다. 이런 정책 조합을 통해 탄소세 같은 방식의 개입에만 의존할 때보다 훨씬 더 빨리 화석연료 의존에서 벗어날 수 있습니다.

제2차 세계대전 참전을 위한 총동원령을 되짚어보면, 당시 연방정부의 조치는 세제 정비를 통한 개입에만 그치지 않았습니다. 현재 상황처럼 당시에도 훨씬 더 강력한 조치들이 요구됐습니다. 일례로 조쉬 메이슨Josh Mason과 앤드루 보시Andrew Bossie가 최근 논문에서 보여준 것처럼, 제2차 세계대전 기간 동안 루스벨트 정부는 핵심 산업에 공적 자금을 투입해 이를 국유화하는 데 중요한 역할을 했습니다. 여기에는 인조고무 산업의 97퍼센트와 항공 산업의 89퍼센트, 조선업의 87퍼센트와 함께 입지가 탄탄했던 철강업도 17퍼센트 포함됐습니다.[27] 루스벨트 정부가 이 산업들을 인수한 것은 민간 자본 단독으로는 생산 수준을 위기 해소에 필요한 속도나 규모로 끌어올리려는 의지가 없음이 분명했기 때문입니다.

현재 우리가 처한 상황도 이와 비슷합니다. 때문에 앞서 언급한 것처럼 지금 현실성 있는 그린 뉴딜에 상당 수준의 공공 투자와 국유화, 강력한 규제가 포함돼야 한다고 확신합니다. 예를 들어 일부 전력 회사를 지금처럼 민영으로 남겨둔다면 이들은 2050년까지 탄소 중립 목표를 확실히 달성할 수 있도록 매년 정해진 양만큼 CO_2를 감축하는 데 전념해야 합니다. 그리고 만약 이 요건을 충족하지 못할 경우 이 회사 CEO가 징역형을 받아야 합니다. 이 방안에 대해서는 그린 뉴딜에 관해 서술한 3장에서 좀 더 자세히 소개하겠습니다.

이 문제에 대해 촘스키 교수님은 어떻게 생각하십니까? 이윤 창출을 원동력으로 삼는 현재 경제체제가, 만약 우리가 지구온난화의 위협을 방지하는 데 실패할 경우 닥쳐올 파멸적 결과들로부터 인류와 전 지구를 구원해주리라고 현실적으로 기대할 수 있을까요?

촘스키 이윤 창출이 여전히 주된 동력이라면 파국을 피할 수 없습니다. 뭔지 모를 마법 같은 이유로 이윤 추구가 화석연료 생산은 물론 그보다 훨씬 덜 파괴적인 고수익 활동들까지 중단시키는 결과로 이어진다면 이는 순전한 우연일 테고 그렇게 될 가능성은 희박합니다. 자세히 살펴보면 시장 신호가 전적으로 불충분하거나 완전히 잘못된 방향으로 이어지는 경우를 심심찮게 목격합니다. 최근 사례를 하나만 들자면, 대기 중 탄소 제거 기술의 개발이 무엇보다 중요하지만, 실리콘밸리 벤처 투자자들에게 큰 이익을 낼 가능성이 없는 장기 프로젝트에 투자하는 것은 아이폰에 새로운 부가 기능을 추가하는 것보다 훨씬 덜 매력적입니다.

시장 숭배는 특히 신자유주의 시대에 집중적으로 이뤄진 대대적 선전의 영향으로, 이제 그람시의 헤게모니 이론* 같은 상식에 속하게 됐습니다. 스티글리츠의 표현을 빌리자면 '신념'은 점잖게 말해도 설득력이라곤 거의 없는 인간 본성에 대한 특정한 견해를 기반으로 합니다. 정말 인간이 이윤에 이끌려 행동하지 않으면 차라리 무위도식하는 편을 선택할 것이라고 생각하나요? 아니면 오랜 전통과 풍부한 경험이 말해주듯 스스로 결정권을 갖는 의미 있고 창의적인 작업이 삶의 즐거움이 될 수 있을까요?

사실 산업의 영역이라 해도 지금까지 이윤 추구가 주된 원동력이었다고 말한다면 사실을 크게 호도하는 것입니다. 컴퓨터와 인터넷처럼 현재 우리가 쓰는 물건들을 다시 한번 살펴봅시다. 주로 정부-대학 협력 시스템 내에서 수십 년에 걸쳐 개발한 뒤 마케팅과 이윤 창출을 위해 이 창의적 작업의 결과물을 민간

---

* 피지배계급이 지배계급의 이데올로기를 자연스럽게 받아들인다고 본 사회주의 이론가 안토니오 그람시의 계급 지배 이론

기업에 넘긴 것들입니다. 대개의 경우 그 필수적 작업을 수행한 사람들을 이끈 힘은 호기심과 힘들고 까다롭지만 중요한 문제를 해결했다는 기쁨입니다. 우리 사회와 문화의 건전성의 기반이 되는 다른 연구와 탐구들 역시 대부분 마찬가지입니다. 물론 그렇게 해서 만들어진 결과물이 이윤 기반의 경제체제에 통합된 것은 사실이지만, 그것이 거스를 수 없는 자연의 법칙은 아닙니다.

사회는 다른 방식으로도 구성될 수 있습니다. 예를 들어 노동자가 소유하고 경영하는 기업에는 이윤을 앞세우는 뉴욕의 은행가들과는 다른 우선순위를 기대할 수도 있습니다. 괜찮은 근로 환경이나 개인이 주도적으로 행동하고 여가도 즐길 수 있는 충분한 공간 같은 것들입니다. 그리고 이 기업들이 함께 손을 잡는다면 그리고 진정 민주적인 지역사회와도 연대한다면, 전혀 다른 결과가 나올지도 모릅니다. 그 결과는 어쩌면 자기 자신만을 위해 상품을 축적하거나 투자 자본이 있는 사람들의 주머니를 채워주는 것이 아닌, 상호부조와 의미 있고 성취감 넘치는 삶에 대한 관심 같은 가치의 공유일 수도 있습니다.

현실적으로 이런 결과를 기대할 수 있을까요? 알 수 없는 일입니다. 무엇이 '현실적'인가는 부분적으로는 우리가 어떤 행동을 선택하는가에 달렸습니다.

자본주의와 기후 위기의 상호연관성에 초점을 맞출 때, 상당수 화석연료 기업이 공기업으로, 자본주의하의 공공기관의 역할에 의문을 제기하게 만든다는 사실 역시 잊어서는 안 됩니다. 폴린 교수님은 공공기관이 기후 위기의 원인을 제공하는 측면에 대해 어떻게 생각해야 할까요?

폴린 사실 전 세계를 통틀어 에너지 부문은 다양한 소유 구조 아래 운영돼왔습니다. 민간 기업뿐 아니라 국영 또는 시영기업, 그리고 다양한 형태의 민간 협동조합 소유도 있습니다. 사실 석유와 천연가스 산업만 놓고 보면 국영 공기업이 전 세계 매장량의 약 90퍼센트, 생산량의 75퍼센트를 차지합니다. 석유와 천연가스 기반 시설의 상당 부분도 이 기업들이 장악하고 있습니다. 이 국영기업들에는 사우디 아람코, 러시아의 가즈프롬, 중국 석유천연가스CNPC, 이란 국영석유회사NIOC, 베네수엘라 국영석유기업PDVSA, 브라질 페트로브라스, 말레이시아 페트로나스 등이 있습니다. 이 공기업들 가운데 엑손모빌이나 브리티시 페트롤리엄BP, 로열더치셸 같은 대형 민간 에너지 기업처럼 이윤을 필수적으로 요구받으며 운영되는 업체는 없습니다. 하지만 그렇다고 해서 전 지구적 환경 비상사태에 직면했다는 이유만으로 이 기업들이 기후변화에 맞서 싸울 준비를 갖췄다는 뜻은 아닙니다. 민간 기업과 마찬가지로 이 기업들에게도 화석연료 에너지 생산과 판매가 막대한 수익 흐름을 안겨줍니다. 국가 개발 계획과 돈 벌이 좋은 직업, 정권이 모두 막대한 화석연료 수입의 흐름이 지속되는 데 달려 있습니다. 따라서 우리는 에너지 기업의 국유화만으로 청정에너지 산업 정책을 효과적으로 추진할 수 있는 유리한 기반이 만들어질 것이라고 기대해서는 안 됩니다.

3

글로벌 그린 뉴딜

진보 경제학자와 환경운동가들은 지난 수년 간 기후변화의 영향을 방지하기 위한 탄소 배출 제로 에너지원의 도입을 한목소리로 제안해왔습니다. 청정 재생 에너지원 도입은 보통 '그린 뉴딜'이라고 부르는 구상의 핵심 강령으로, 그린 뉴딜은 프랭클린 루스벨트의 뉴딜 정책에서 영감을 얻고 성장과 관련해서는 주로 케인스 경제학의 논리에 영향을 받은 환경경제학의 대담한 비전의 하나라고 할 수 있습니다. 하지만 다양한 사람들이 제안한 다양한 형태의 그린 뉴딜이 존재하는 상황에서, 중요한 문제는 현재 존재하는 '녹색 경제'에 대한 정치적, 경제적 저항과 문화적 저항까지 극복하고 2050년까지 탄소 배출 제로 에너지원을 달성하기 위한 현실성 있고 지속 가능한 계획은 무엇인가 하는 점입니다. 폴린 교수님은 이미 지난 10년 간 그린 뉴딜을 지지하는 입장에서 방대한 연구를 수행하셨죠. 그렇다면 교수님이 보기에 정치적으로 현실성 있고 경제적으로도 실현 가능한 그린 뉴딜 프로젝트의 구성 요소는 무엇인가요? 그린 뉴딜에는 어떤 사항들이 수반되고 그것들은 어떻게 작동하게 될까요?

폴린 IPCC의 추산에 따르면 2100년까지 지구 평균기온 1.5℃ 이내 상승 목표를 달성하기 위해서는 전 세계 CO_2 순배출량을 2030년까지 45퍼센트 가량 감축하고 2050년까지는 탄소 중립을 달성해야 합니다. 따라서 제가 판단하는 글로벌 그린 뉴딜의 핵심은 IPCC가 제시한 이 목표들을 달성하기 위한 글로벌 프로젝트를 추진하면서, 양질의 취업 기회를 확대하고 노동자와 빈곤 계층을 위해 대중의 생활수준을 향상시키는 방식으로 이를 완수하는 것입니다. 복잡할 게 전혀 없는 문제죠.

사실 순전히 분석명제와 정책 과제 측면에서 보면—이 문제의 이면에 깔린 수많은 정치적, 경제적 역학 관계는 뒤에서 다루기로 하겠습니다—2050년까지 전 세계 CO_2 순배출량 제로 달성이 가능하다고 보는 것이 지극히 현실적입니다. 제가 예상하는 최대 추정치에 따르면 이를 위해서는 세계경제 전반에 걸쳐 연평균 전 세계 GDP의 약 2.5퍼센트에 달하는 투자 지출이 필요하며, 이 투자는 다음 두 영역에 집중돼야 합니다. (1)건물과 자동차, 대중교통 체계, 산업 생산공정 분야에서 에너지 효율 기준을 극적으로 개선하고 (2)청정 재생 에너지원, 그중에서도 주로 태양광과 풍력 에너지 공급 역시 극적으로 확대해서 전 세계 모든 분야와 모든 지역에 화석연료와 원자력 대비 경쟁력 있는 가격으로 공급 가능하도록 만드는 것입니다. 이 투자는 다른 시급한 분야들과 상호 보완적으로 이뤄질 필요가 있는데. 그중에서도 가장 중요한 분야는 앞서 언급한 대로 삼림 파괴를 중단하고 숲 가꾸기를 지원하는 것입니다.

청정에너지 전환에 초점을 맞추면, 필요한 투자 수준은 글로벌 그린 뉴딜 프로그램 도입 첫해에만 2조 6000억 달러에 달할 전망입니다. 하지만 현실적으로 볼 때 글로벌 그린 뉴딜 프로젝트는 2024년은 돼야 본격적으로 시작될 것으로 추정됩니다. 그렇게 되면 2024년부터 2050년까지 연평균 지출은 4조 5000억 달러에 달하게 됩니다. 27년에 걸친 투자 주기 동안 청정에너지 분야 투자 지출 총액은 120조 달러에 달할 전망입니다.

이 수치는 공공 부문과 민간 부문을 모두 포함하는 총 투자 지출액입니다. 공공 투자와 민간 투자의 적절한 조합을 이루는 일이 산업 정책과 재원 조달 정책의 틀 안에서 중요하게 고려해야 할 사항이 될 것입니다. 앞서 논의한 대로 이 일들을 모두 민간 자본 투자를 통해 달성할 수 있다고 기대하는 것은 전혀 현실적이지 않습니다. 하지만 오로지 공기업들 단독으로 이런 규모의 프로젝트를 신속히 시작할 수 있다고 기대하는 것 역시 비현실적입니다. 그럼에도 그린 뉴딜의 추진은 그 자체로 자본주의를 현재의 신자유주의와 네오파시즘 사이의 공백기에서 건져내 새롭게 탈바꿈하도록 촉진하는 주된 동력이 될 것입니다. 앞서 언급한 대로 그린 뉴딜은 소규모 공기업과 민간 기업, 협동조합 소유 기업 등의 다양한 조합을 포함해 대안적 소유 형태를 위한 새로운 큰 기회를 만들어낼 것입니다. 이런 기업들이 서유럽에서 성공을 거둬온 큰 이유 가운데 하나는 대형 민간 기업보다 더 낮은 수익 요건으로 운영된다는 점입니다. 이 모든 사항들을 고려할 때 대형 민간 투자 기업의 참여도 이끌어낼 필요가 있지만, 이들에 대해서는 엄격한 규제가 뒤따라야 합니다.

그린 뉴딜 프로그램의 세부 사항에 관해서는, 글로벌 청정에너지 투자를 거의 이등분해야 한다고 생각하는 것이 합리적이라고 봅니다. 즉 전 세계적으로 50퍼센트는 공공 투자, 50퍼센트는 민간 투자를 유치하는 것입니다. 본격적인 투자 활동이 이뤄질 첫해인 2024년 기준으로 이는 공공 투자와 민간 투자 각각 1조 3000억 달러에 해당합니다. 정책 과제의 중요한 부분이 공적 자금을 최대한 지렛대 삼아 크고 작은 규모의 민간 투자자들을 끌어들일 강력한 동기를 만들어내면서 동시에 이들의 활동에 대해 엄격한 규제를 유지하는 일이 될 것입니다.

그린 뉴딜의 핵심이라고 할 수 있는 이 청정에너지 투자 계획이 시간이 지나고 나면 투입한 비용만큼 효과를 낼 것이라고 강조하고 싶네요. 좀 더 구체적으로 청정에너지 투자는 전 세계 모든 지역 에너지 소비자의 에너지 비용을 낮춰줄 것입니다. 이는 새로운 에너지 효율 기준의 결과물로, 이 새로운 기준이 소비자들에게 단위 에너지 집약 활동에 따른 비용을 줄일 수 있게 해줄 것입니다. 자동차 운전의 경우 미국인이 평균적으로 이용하는 차량으로 휘발유 1갤런당 25마일을 달릴 수 있는 반면, 고효율 플러그인 하이브리드 차량으로는 갤런당 100마일을 달릴 수 있습니다.[1] 게다가 태양광과 풍력, 그리고 지열과 수력을 통한 에너지 공급 비용이 현재 평균적으로 화석연료나 원자력과 얼추 비슷하거나 더 낮습니다. 따라서 초기 선행 투자 지출은 향후 실현될 비용 절감을 통해 시간이 지나면 회수할 수 있습니다.

2018년의 경우 에너지 효율 개선과 청정 재생에너지 투자를 포함한 전 세계 청정에너지 투자 규모는 약 5700억 달러로, 약 86조 달러에 달하는 현재 전 세계 GDP의 약 0.7퍼센트에 머물렀습니다. 따라서 IPCC가 설정한 목표를 달성하기 위해서는 청정에너지 분야 투자를 전 세계 GDP의 1.8퍼센트 수준까지 늘려야합니다. 이는 현재 전 세계 GDP로는 약 1조 5000억 달러에 달하는 규모로, 이후 전 세계 GDP 증가에 맞춰 2050년까지 투자를 늘려가야 합니다.

석유와 석탄, 천연가스 소비 역시 30년 내에 0으로 줄여야 합니다 감축률은 전환 프로그램 첫해에는 그리 높지 않은 3.5퍼센트로 시작할 수 있지만, 2050년까지 화석연료의 기본 공급 규모를 0으로 줄이기 위해서는 이후 해마다 감축률을 높여가야 합니다. 저와 촘스키 교수님 둘 다 앞서 이 문제를 언급했지만, 다시 한번 강조할 만합니다. 물론 엑손모빌이나 셰브론 같은 민간 소유 화석연료 기업뿐 아니라 사우디 아람코와 러시아 가즈프롬 같은 국영 기업도 마찬가지로 화석연료 소비 감축을 저지하는데 막대한 이익과 엄청난 정치권력이 걸려 있습니다. 이 막강한 기득권을 물리치는 것 말고는 다른 방법이 없습니다. 정확히 어떤 방법으로 이를 달성할 수 있는지가 물론 당면한 가장 큰 난제입니다. 하지만 반드시 이뤄내야 합니다. 이 중대한 문제에 대해서는 뒤에 다시 언급하겠습니다.

2050년까지 탄소 중립 글로벌 경제를 달성하기 위해서는 기술적으로도 극복해야 할 중대한 난관들이 있습니다. 이는 태양광 패널과 풍력발전 터빈을 충분히 설치하기 위한 토지 이용 필요와 함께 간헐성과 송전, 저장이 한데 얽힌 복합적인 문제와 관련이 있습니다. '간헐성'은 하루 24시간 내내 햇살이 비추거나 바람이 불지는 않는다는 사실을 말합니다. 뿐만 아니라 평균적으로 지역이 다르면 태양이 비추고 바람이 부는 정도도 크게 다릅니다. 때문에 지구상에서 일조량이 더 많고 바람이 더 많이 부는 지역에서 생산된 태양광과 풍력 에너지를 적정한 가격에 저장해서 일조량과 바람이 적은 지역으로 송전해야 합니다.

풍력과 태양광 에너지의 송전과 저장 관련 문제들은 청정에너지 전환 초기 수년간, 아마도 최소한 앞으로 10년 동안은 긴급하게 대두되지는 않을 전망입니다. 이는 청정에너지 산업이 급속도로 확대되는 동안 화석연료와 원자력 부문의 비중이 축소되더라도, 이 에너지 부문이 계속해서 비간헐적 에너지 공급을 통해 기저 부하를 제공할 것이기 때문입니다. 어쨌든 화석연료와 원자력은 현재 전 세계 에너지 공급량의 약 85퍼센트를 제공하고 있습니다. 이 공급량이 하룻밤 사이에 사라지지는 않을 것입니다. 하지만 제가 이해하는 바로는 청정에너지 시장이 요구받는 만큼 빠른 속도로 성장을 계속하는 한, 태양광과 풍력의 송전과 저장에 관한 기술적 문제에 대해 충분히 현실성 있는 해결책을 찾는 데 앞으로 10년 이상이 걸려서는 안 됩니다.[2]

이와 관련된 문제가 '재생에너지 부문을 급속도로 확대하는 데 필요한 모든 원자재를 충분히 공급할 수 있는가'입니다. 짧은 답은 "그렇다"는 겁니다. 일부 필수 소재, 그중에서도 특히 태양광 패널 생산에 사용되는 텔루르tellurium의 경우 단기적 병목 현상이 일부 발생할 가능성이 있습니다. 하지만 텔루르를 포함해 예상되는 어떤 원자재 부족도 극복 불가능하지는 않을 것입니다. 한 가지 해결 방법은 필요 금속과 광물을 재활용하는 산업을 대폭 확대하는 것입니다. 현재 이 자원들의 평균 재활용률은 전체 공급량의 1퍼센트에도 못 미칩니다. 재활용률을 5퍼센트로만 높여도 모든 공급 부족 관련 문제를 충분히 해결할 수 있습니다.[3]

재활용에 더해 산업의 급속한 발전과 생산 기술 개선에 맞춰 태양광 패널과 풍력발전 터빈, 배터리 생산에 필요한 광물과 금속의 규모를 절감할 수 있는 기회도 생길 것입니다. 공급 부족이 해소되지 않는 재료의 경우 대체 물질을 개발할 수도 있습니다. 풍력발전 터빈과 전기자동차 생산에 사용되는 금속인 네오디뮴과 관련해 최근 몇 년 새 일어난 일이 아주 좋은 사례입니다. 2010년 네오디뮴 국제가격이 정점을 찍자 생산자들은 네오디뮴의 사용을 절감하거나 아예 필수 재료에서 네오디뮴을 제거하는 방법을 찾아냈습니다. 다른 물질들이 적절한 대체재라는 사실이 확인되면서 네오디뮴의 수요는 20~50퍼센트나 급감했습니다.[4]

토지 이용이 필요해지는 문제는 세계경제를 백 퍼센트 재생에너지로 구현하는 것이 극히 비현실적이라는 주장을 보여주는 사례로 자주 언급됩니다. 고인이 된 데이브 맥케이Dave MacKay

전 케임브리지대학교 공학과 교수는 2009년 저서 『기온 상승 없는 지속 가능 에너지Sustainable Energy without the Hot Air』에서 재생에너지와 관련된 극심한 토지 이용 필요 문제를 무척 상세히 논증했습니다. 맥케이의 주장은 이후 빈번하게 인용돼왔는데, 일례로 2018년 트로이 베티스Troy Vettese는 《뉴 레프트 리뷰New Left Review》에 게재한 글에서 다음과 같이 주장했습니다. "재생에너지로만 구성된 시스템은 아마 화석연료 기반 시스템보다 토지를 100배 더 많이 점유할 것이다. 미국의 경우 에너지 생산을 현재 규모로 유지하려면 국토의 20~50퍼센트, 영국이나 독일처럼 구름이 많이 끼고 인구밀도가 높은 나라의 경우 모든 국토를 풍력 발전 터빈과 태양광 패널, 바이오 연료 생산용 곡물로 뒤덮어야 할지도 모른다."[5]

베티스는 자신의 주장을 뒷받침하는 증거를 거의 제시하지 않았는데, 사실 그의 주장은 입증 불가능한 것들입니다. 이는 마라 프렌티스Mara Prentiss 하버드대학교 물리학 교수의 연구를 검토하는 과정에서 명백해졌습니다. 프렌티스는 2015년 저서 『에너지 혁명-물리학과 효율적 기술의 가능성Energy Revolution-The Physics and the Promise of Efficient Technology』과 보다 최근에 발표한 후속 논문들을 통해 2050년 또는 그보다 더 빠른 시간 내에 미국 경제를 백퍼센트 청정 재생에너지로 구현할 수 있는 방안을 제시했습니다. 프렌티스의 주장은 세계경제 전체에 쉽게 일반화될 수 있습니다.

프렌티스는 미국의 전체 토지 면적의 1퍼센트에도 훨씬 못 미치는 땅만으로도 태양광과 풍력으로 미국의 에너지 수요를 백퍼센트 충족하기에 충분하다는 사실을 보여줍니다. 이 토지 이용 필요의 대부분은 가령 태양광 패널을 지붕 위나 주차장에 설치하고, 현재 농지로 사용되는 땅의 약 7퍼센트에 풍력발전 터빈을 운영하는 것으로 해결할 수 있습니다. 게다가 풍력발전 터빈은 농업 생산성에 거의 손실을 입히지 않고 경작 중인 기존 농지에 설치 가능합니다. 큰 가외 소득원을 제공하기 때문에 농부들은 자신의 땅을 이렇게 이중 목적으로 사용하는 것을 반깁니다. 현재 아이오와와 캔자스, 오클라호마, 사우스다코타주는 모두 풍력발전으로 전력 공급량의 30퍼센트 이상을 생산합니다. 나머지 추가 에너지 수요는 지열 에너지와 수력, 탄소 배출량이 적은 바이오 에너지로 공급 가능합니다. 이 시나리오는 사막 지역 내에 태양광 발전 단지 구축, 고속도로 위에 태양광 패널 부착, 해상 풍력 프로젝트 등 다른 보완적 재생 에너지원을 통한 추가 기여를 고려하지 않은 것입니다. 물론 이 선택지 모두 확실히 다룰 경우 현실성 있는 방안들이기는 합니다.

미국의 상황이 일부 다른 국가보다 더 유리한 것이 사실입니다. 독일과 영국의 경우 인구밀도가 미국보다 7~8배 높을 뿐 아니라 연중 일조량도 더 적습니다. 따라서 이 나라들은 고효율 시설을 운영하더라도 에너지 수요를 백 퍼센트 자국 내 생산 태양 에너지로 충당하기 위해서는 전체 국토의 약 3퍼센트를 사용해야 합니다. 비용 효율이 뛰어난 저장 및 송전 기술을 사용함으로 써 영국과 독일은 다른 나라에서 태양광과 풍력으로 생산한 에 너지를 수입할 수도 있습니다. 미국 내에서 아이오와에서 생산 된 풍력 에너지를 뉴욕시로 송전할 수 있는 것처럼 말입니다. 이 같은 전력 수입의 요건은 그리 까다롭지 않은 듯합니다. 영국 과 독일 두 나라 모두 어쨌든 이미 에너지 순수입 국가가 됐으니 까요.

프렌티스의 계산을 미국과 세계경제 전체에 적용할 때 가장 중요한 점은 인구밀도와 일조량 및 바람이 부는 시간 모두 평균 적인 상황이 독일이나 영국보다는 미국에 훨씬 더 가깝다는 것 입니다. 2019년 기고한 글에서 프렌티스는 배터리 저장 시스템 개발과 에너지 송전 시스템의 직접적인 개선을 포함한 다양한 접근법 덕에 "과학과 기술은 미국이 백 퍼센트 재생에너지 경제 를 달성하는 데 걸림돌이 되지 않는다"고도 설명했습니다.[6]

♣

촘스키 교수님도 그린 뉴딜 계획의 열렬한 지지자이시죠. 그린 뉴딜은 지구를 구하기 위한 계획인가요, 아니면 일부 좌파 비평 가들이 주장하듯 자본주의를 구하기 위한 계획인가요?

촘스키 어떻게 발전시키는가에 달린 문제입니다. 아울러 그린 뉴 딜이 대안이 아니라는 점에 유의해야 합니다. '지구를 구하기 위해서는' 어떤 형태가 됐든 그린 뉴딜이 반드시 필요합니다. 그렇다면 어떤 형태여야 할까요? 제가 아는 최고의 답은 폴린 교수님이 무척 상세히 발전시켜온 방안으로, 앞서 간략히 설명해주신 바와 같습니다. 성공한다면 그린 뉴딜은 '현실 자본주의'의 자기 파괴적 경향에서 벗어나 '자본주의'라고 불릴 만한 매우 느슨한 영역 안에 드는 현실성 있는 사회 조직 형태로 나아갈 것이라는 점에서 '자본주의를 구할' 수도 있습니다. 개인적으로는 그 수준을 훨씬 뛰어넘기를 바라고 이러한 염원이 비현실적이라고 생각하지 않습니다만, 그건 또 다른 문제겠죠.

🌧

기후변화와 관련해 점점 더 폭넓게 논의되는 주제 가운데 하나가 축적되는 이산화탄소 제거를 위해 파괴적 혁신 기술들이 담당할 수 있는 잠재적 역할입니다. 그중에는 지구공학geo-engineering 같은 급진적인 기술적 해법도 있습니다. 이런 탄소 네거티브carbon-negative* 기술에 대해서는 어떤 견해를 가지고 계신가요?

폴린 역배출negative emissions 기술에는 이미 배출된 CO_2를 제거하거나, 대기에 냉각력을 불어넣어 CO_2를 비롯한 온실가스의 온난

---

  * 탄소 중립을 넘어 배출하는 탄소량보다 더 많은 탄소를 감축해서 이산화탄소 순배출량을 줄이는 것

화 효과를 중화하는 것을 목적으로 하는 광범위한 수단들이 포함됩니다. 제거 기술의 넓은 범주 가운데 하나가 이산화탄소 포집 및 격리 기술입니다. 냉각 기술의 범주에 속한 기술로는 성층권 에어로졸 살포가 있습니다.

이산화탄소 포집 기술은 배출된 이산화탄소를 대기에서 제거해 보통은 파이프라인을 통해 지표 밑 지층으로 운송한 뒤 그곳에 영구 저장하는 것을 목표로 합니다. 간단하면서도 자연 상태 그대로 작동하는 탄소 포집 기술의 변화된 형태가 조림 즉 숲 가꾸기입니다. 조림은 이전까지 숲이 없는 지역이나 벌채가 된 지역에 보다 일반적으로 사용되는 용어로는 '재조림reforestation'을 통해 숲 면적이나 밀도를 높이는 노력을 포함합니다.

탄소 포집 기술의 전반적 우수성은 수십 년에 걸친 노력에도 불구하고 아직 상업적 규모로 입증된 바 없습니다. 이 기술들 대부분의 큰 문제 가운데 하나는 운송과 저장 시스템의 결함으로 인한 탄소 누출 가능성입니다. 이 같은 위험은 안전 기준을 준수하면 이익이 감소하는 동기부여 구조에서 탄소 포집이 상용화되고 운영되는 한 증가할 수밖에 없습니다.

이에 반해 조림은 보다 폭넓은 온실가스 배출량 저감 수단의 하나로 크게 기여할 수 있습니다. 이는 산림 지역이 그냥 내버려 둬도 CO_2를 상당량 흡수하기 때문입니다. 그러나 조림과 관련한 큰 문제는 '이미 대기 중에 축적된 CO_2를 흡수하거나 계속되는 화석연료 소비로 새로 생성되는 배출량을 상쇄하는 데 있어 현실적으로 얼마나 큰 영향을 미칠 수 있는가'입니다. 마크 로렌스Mark Lawrence는 독일 포츠담 지속가능연구원IASS 동료들과 함께 최근 수행한 면밀한 분석에서 조림을 통해 현실적으로 2050년까지 CO_2를 연간 5~35억 톤가량 절감 가능할 것으로 결론지었습니다.[7] 하지만 앞서 언급한 대로 현재 전 세계 CO_2 배출량은 330억 톤에 달합니다. 로렌스와 공저자들의 추정치가 어느 정도 정확하다면, 조림이 광범위한 청정에너지 전환 계획의 일환으로 보완적 개입의 효과를 충분히 발휘할 수 있지만, 2050년까지 탄소 중립 달성이라는 큰 부담을 전부 떠안을 수는 없다는 결론에 이르게 됩니다.

성층권 에어로졸 살포는 1991년 필리핀 피나투보 화산 폭발에 따른 결과에서 비롯된 개념입니다. 당시 화산 폭발로 엄청난 양의 화산재와 가스가 분출됐는데, 그 결과 황산염 입자가 연무 형태로 성층권으로 피어올랐습니다. 그 영향으로 지구 평균기온이 15개월 동안 약 0.6℃ 낮아졌죠.[8] 현재 연구 중인 기술들은 황산염 입자를 의도적으로 성층권에 살포해서 피나투보 화산 폭발로 인한 영향을 인위적으로 재현하는 것을 목표로 합니다. 일부 연구자들은 이 방법이 온실가스의 온난화 효과를 상쇄하는 비용 효율적인 방법이 될 것이라고 주장합니다.

로렌스와 공저자들의 연구는 탄소 포집과 에어로졸 살포, 조림 등 모든 주요 역배출 기술에 대한 평가를 망라합니다. 이 같은 평가를 통해 이들이 내린 전반적인 결론은 이 기술 가운데 어떤 것도 현재로서는 지구온난화를 되돌릴 만큼 큰 변화를 만들어낼 수준에 이르지 못했다는 것입니다. 이들이 내린 결론은 다음과 같습니다.

제안된 기후 지구공학 기술들이 의미 있는 기여를 할 수 있을 것으로 기대해서는 안 된다. (…) 설사 기후 지구공학 기술을 적극적으로 개발해 결국 구상했던 대로 지구 전체 규모로 구현하더라도, 21세기 후반 이전에 이를 실제로 도입할 가능성은 매우 낮다. (…) 그때가 되면 CO_2 수준 증가를 비롯한 기후변화 유발 물질로 인한 온난화에 충분히 대응해서 기온 상승을 1.5℃ 한도 이내는 물론 어쩌면 2.0℃ 이내로 억제하기에도 너무 늦을 가능성이 매우 높다. 2030년 이후의 지구온난화 완화 노력이 향후 10년간 계획된 노력을 크게 능가하지 않는다면 더더욱 그렇다.[9]

로렌스와 공저자들이 내린 결론은 앞서 촘스키 교수님이 인용한 레이몬드 피에르험버트의 견해와 정확히 일치합니다. 앞서 확인했듯 IPCC 3차 평가 보고서의 주저자를 맡았던 피에르험버트는 2019년 발표한 「기후변화 대처에 플랜B는 없다」라는 논문에서 지구공학이 현실성 있는 기후변화 해결책을 제시하지 못한다고 단호히 밝혔습니다.

이 문제에 대해 촘스키 교수님은 어떤 견해이신가요? 지구가 당면한 기후 위기에 맞서 싸우기 위해 기술적 해결책을 적용할 가능성까지 모색해야 할까요?

촘스키   저는 정확한 판단을 내릴 만한 기술적 역량이 없습니다만, 인류가 눈앞에서 벌어지는 현실을 고집스레 부인한다면 급진적 형태의 지구공학을 우리가 취할 수 있는 최후의 수단으로 여길 만한 이유는 충분하다고 봅니다. 앞서 언급한 논문에서 피에르험버트는 기술적 선택과 그 선택들이 안고 있는 심각한 한계를 면밀하고 신중하게 분석했습니다. 그는 또 기술적 해결책들이 실현 가능성이 있고 잠재적으로 효과가 있으며 해롭지 않을 것이라는 합리적 신뢰가 있는 한 이를 추구할 이유가 충분하다는 입장을 분명히 했습니다. 이 부분을 가볍게 넘길 수 없는 것은 어쩔 수 없는 불확실성과 함께 끊임없는 상반 관계가 작용하기 때문입니다.

한 예로 전기화electrification로 나아가야 한다는 폭넓은 공감대가 형성됐지만, 이를 위해 필요한 구리는 유한한 자원으로 현재 기술로는 어쨌든 환경에 상당히 해로운 방식으로만 채굴이 가능합니다. 이 같은 딜레마는 피해 가기 힘들지만, 그렇다고 지속 가능하고 건강한 생태계로 나아가기 위한 최적의 기술을 적극적으로 탐구하지 못 할 이유는 못 됩니다. 지구공학은 사실 광범위한 선택지를 포함합니다. 일반적인 의미에서 인류는 오랜 세월동안 지구공학에 관여해왔습니다. 비료 생산을 위한 인공적인 질소 고정이 같은 것들이죠. 이러한 관행들은 피하기 쉽지 않은데, 인구 증가에 따른 농업 생산성 증대 필요와 도시화에 필요한 가용 토지 수요가 갈수록 증가하기 때문입니다. 하지만 폴린 교수님이 말씀하신 이 관행들을 혁신적인 토지 관리 체제로 면밀히 통합하고, 이를 역시 지구공학의 일종인 대기 중 탄소 제거 기술로 보완하지 않는다면 받아들이기 힘든 결과가 닥쳐올 겁니다.

이 밖에도 할 일이 무척 많습니다. 산업적 육류 생산은 윤리적 고려는 둘째 치고 지구온난화에 상당한 영향을 미치므로 용인해서는 안 됩니다. 지속 가능한 농법으로 수확한 채식 위주 식단으로 전환할 방법을 찾아내야 하는데, 그렇게 간단한 일만은 아닙니다.

결과야 어떻든 성장을 지속해야 하다는 본질적 강박을 안은, 영리 목적 생산에 기반한 사회경제 체제는 지속할 수 없습니다. 게다가 간과해서는 안 될 근본적 가치 문제가 있습니다. 품위 있는 삶이란 무엇일까요? 주종 관계가 용인돼야 할까요? 오래 전 소스타인 베블렌Thorstein Veblen이 분석한 대로 현대사회의 특징인 소유욕을 만들어내느라 여념이 없는 거대 기업들에 의해 의식에 주입된 강박인 상품 활용 극대화가 개인의 목표가 돼야 할까요? 분명 이보다 숭고하고 보다 성취감을 주는 열망들이 있습니다.

미래의 탄소 중립 경제에 원자력이 설 땅이 있을까요?

폴린 2018년 기준으로 원자력은 전 세계 에너지 공급량의 약 5퍼센트를 제공했습니다. 전 세계 원자력 에너지 공급량의 약 90퍼센트가 북미와 유럽, 중국, 인도에서 만들어집니다. 2050년까지 전 세계 CO_2 순배출 제로 목표 달성이라는 목표 측면에서 원자력은 운전 과정에서 CO_2 배출은 물론 어떤 종류의 대기오염도 발생시키지 않는다는 중요한 이점을 제공합니다.

이 때문에 탄소 중립 세계경제 구축을 돕기 위해 원자력 공급을 대폭 확대해야 한다고 강력하게 주장하는 사람들이 있습니다. 미 항공우주국NASA 소속 과학자였던 제임스 핸슨도 이 중 하나입니다. 수십 년 동안 핸슨은 세계적 기후학자로 기후변화에 맞선 단호한 행동을 촉구하며 싸워왔습니다. 2015년 핸슨은 저명한 동료 기후학자 케리 에마뉴엘Kerry Emanuel, 켄 칼데이라Ken Caldeira, 톰 위글리Tom Wigley와 함께 다음과 같이 주장했습니다.

기후 체계는 온실가스 배출량과 관련이 있지, 에너지원이 재생에너지인지 풍부한 원자력인지는 관련이 없다. 일부에서는 우리의 모든 에너지 수요를 재생에너지로 충족할 수 있다고 주장해왔다. 백 퍼센트 재생에너지만 사용하는 시나리오는 비현실적인 기술적 가정을 통해 간헐성의 문제를 경시하거나 아예 무시한다. 대량의

원자력은 태양광과 풍력이 에너지 격차를 훨씬 더 쉽게 해소할 수 있게 해준다.[10]

핸슨의 입장은 전 세계 에너지 문제에 관해 가장 널리 인정받는 자료인 국제에너지기구IEA 발간 『2019년 세계 에너지 전망』 보고서에서 강력한 지지를 받았습니다. 이 보고서는 "재생에너지 및 탄소 포집 기술과 아울러, 전 세계적으로 청정에너지 전환을 달성하기 위해서는 원자력이 필요할 것"이라고 결론 내렸습니다.[11]

그러나 원자력 옹호론을 펴기 위해 이들은 원자로를 전 세계에 대규모로 확대할 경우 불가피하게 뒤따를 여러 가지 근본적 문제들을 간과한 것이 틀림없습니다. 첫 손에 꼽히는 것은 물론 아래 내용을 포함해 환경에 미치는 영향과 공공 안전 문제입니다.

방사성 폐기물. 이 폐기물은 우라늄 정련 폐기물, 사용후핵연료, 기타 폐기물을 포함합니다. 미국 에너지부 산하 에너지정보국에 따르면 방사성 폐기물은 "수천 년 동안 방사성을 띠면서 인간 건강에 위해를 가할 수 있습니다."[12]

사용후핵연료 저장과 원자력 발전소 해체. 사용후핵연료 집합체는 고준위 방사성 폐기물로, 특수 설계된 수조 내 또는 특수 설계된 저장 용기 안에 보관해야 합니다. 원자력 발전소의 운영을 중단했을 때 해체 과정은 발전소 가동을 안전하게 중단한 뒤 부지를 다른 용도로 쓸 수 있는 수준까지 방사능을 떨어뜨리는 절차가 수반됩니다.

정치적 안보. 원자력은 전력 생산뿐 아니라 치명적 무기를 만드는 데도 사용될 수 있습니다. 따라서 원자력 역량의 확산은 이 역량이 그 에너지를 전쟁이나 테러의 수단으로 활용하려는 조직이나 정부 등의 손에 들어갈 위험을 만들어냅니다.

원자로 노심 용융. 원자력 발전소에서 원자로가 통제 불능 상태가 되면 원자로 반경 수백 마일에 걸친 지역의 대기와 물을 방사성 물질로 광범위하게 오염시킬 수 있습니다.

지난 수십 년간 전 세계적으로 일반적인 견해는 원자력과 관련된 위험이 원자력의 이점에 비해 크지 않고 관리 가능하다는 것이었습니다. 하지만 이 견해는 2011년 일본 도호쿠 지역을 강타한 진도 9.0의 강진과 쓰나미로 인해 후쿠시마 제1원자력 발전소에서 발생한 원자로 노심 용융 사고의 여파로 완전히 뒤집혔습니다. 후쿠시마 원전 노심 용융의 총체적 영향은 여전히 불분명하지만, 발전소 해체와 희생자 보상을 위한 전체 비용의 가장 최근 추산치는 2500억 달러에 달합니다.[13]

의심의 여지없이 후쿠시마의 안전 규제는 전혀 제구실을 하지 못했습니다. 뿐만 아니라 이 사건이 고소득 국가이자 다른 어느 곳보다 원자력의 영향으로 인한 피해를 크게 입은 나라인 일본에서 일어났다는 사실을 잊어서는 안 됩니다. 일본의 원자력 안전 규제가 실패로 드러났다면, 왜 원자로를 대대적으로 확대 보급할 때 세계 다른 곳에서 훨씬 더 강력하고 더 효과적인 규제가 시행될 것으로 기대해야 할까요? 짐작컨대 이 같은 대대적 확대에는 공공 안전 관련 예산이 일본보다 훨씬 더 빠듯한 국가들도 포함될 겁니다.

따라서 이는 보다 일반적인 비용 문제를 제기합니다. 사실 트럼프 정부의 에너지부조차 원자력을 이용한 전력 생산 비용이 현재 태양광이나 육상 풍력발전보다 30퍼센트가량 더 높다고 밝히고 있습니다.[14] 뿐만 아니라 재생에너지 특히 태양광의 전력 생산 비용은 최근 10년 새 가파르게 하락한 데다, 추가적으로 대폭적인 원가 절감 가능성이 있습니다. 반면 원자력은 '부정적 학습 곡선'을 따라 움직이고 있는데, 이는 시간이 지날수록 원자력 발전 비용이 증가한다는 의미입니다. 그 전적인 이유는 아니더라도 상당 부분은 제2의 후쿠시마 사고 같은 재난의 위험을 확실히 최소화하기 위해서는 새로운 원자로 1기를 전력망에 물리는 데 수십억 달러의 추가 비용이 수반된다는 공감대가 형성된 데 따른 것입니다. 수십 년간 원전 건설 세계시장에서 선두를 지켜온 다국적 기업 웨스팅하우스가 2017년 파산 신청을 하지 않을 수 없었던 이유도 바로 여기 있습니다.

국제에너지기구IEA도 『2019년 세계 에너지 전망』에서 원자력을 지지하면서 그 근거로 제시한 사례가 허약하기 그지없습니다. IEA는 선진국들이 모두 청정에너지 전환의 일환으로 원자력을 포기하고 대신 재생에너지에 전념한다면, 그 결과 "선진국 소비자들에게 부과되는 전기료가 5퍼센트 상승"할 것으로 추정했습니다.[15] 최악의 경우 전기요금이 5퍼센트 상승하더라도 이는 원자력과 관련해 충분히 파악된 모든 불가피한 비용과 위험을 피하는 대가로는 분명 미미한 액수입니다.

향후 30년 동안 전 세계 청정에너지 전환을 이행하는 과정에서 문제없이 작동하는 기존 원자력 발전소들을 정상적인 사용수명 기간 동안 계속 운전하도록 허용할 수는 있습니다. 하지만 에너지 효율 개선과 재생에너지 분야 투자를 통해 향후 30년 내에 탄소 중립 세계경제를 달성할 수 있다는 사실을 알고 있는 상황에서, 이 기존 원전들을 향후 10~20년 동안 계속 운전하는 것을 신규 원자로를 대대적으로 증설하는 것과 혼동해서는 안 됩니다.

촘스키 솔직히 저는 모르겠습니다. 위험은 명백하고 익숙합니다. 현재 기술로는 원자력 발전소 보유와 진정한 악몽이라고 할 수 있는 핵무기 개발 역량 간에 큰 차이가 없습니다. 게다가 핵폐기물 처분처럼 해결되지 않은 기술적 문제들도 있습니다. 원자력에 의지하지 않고 현재 위기에서 벗어날 방법이 있으면 좋겠지만, 원자력이라는 선택지를 무작정 배제해서는 안 된다고 생각합니다.

🍀

기후변화와 경제적 불평등을 관련짓는 저술들이 늘고 있습니다. 기후변화와 불평등의 연결고리는 정확히 무엇이고, 그린 뉴딜이 어떻게 전 세계적 차원에서 경제적 불평등을 줄이는 데 도움이 될 수 있을까요?

폴린 기후변화와 불평등이 상호작용하는 몇 가지 방식이 있습니다. 먼저 이런 질문부터 던져봐야 합니다. 기후변화를 야기한 책임은 누구에게 있나요? 아니면 좀 더 구체적으로, 기후변화를 야기하는 온실가스를 대기 중에 방출한 책임은 누구에게 있나요? 이 질문에 대한 짧은 답은, 만약 우리가 CO_2 배출에 초점을 맞춰 (1800년 무렵부터 현재에 이르는) 산업화 시대 전체의 화석연료 사용을 소급해 따져본다면 기후변화를 야기한 거의 모든 책임이 미국과 서유럽에 있다는 것입니다. 이 두 지역은 최소한 1980년까지는 모든 누적 배출량의 거의 70퍼센트에 대한 책임이 있었습니다. 1인당 기준으로 보면 1980년까지 원인 제공의 차이가 훨씬 더 극명하게 드러납니다. 예를 들어 1980년 기준으로 미국의 연평균 배출량은 인구 1인당 약 21톤으로 그해 중국의 1인당

1.5톤의 14배, 인도의 1인당 0.5톤의 42배에 달했습니다.[16]

그러나 이런 국가별 비교조차 탄소 배출량과 불평등의 상관관계에 관한 전반적인 상황을 보여주지 못합니다. 그 이유는 물론 평균적인 화석연료 에너지 소비 수준과 이로 인한 탄소 배출량이 특정 국가 내에서도 사람들의 수입과 전반적인 소비 수준에 따라 크게 차이가 나기 때문입니다. 전 세계 인구를 소득수준에 따라 살펴보면 2015년 기준으로 전 세계 인구의 상위 10퍼센트에 해당하는 부자들이 개인 소비와 관련한 전체 배출량의 거의 절반을 발생시킨 반면, 소득 하위 50퍼센트에 해당하는 사람들은 전체 소비 관련 배출량의 10퍼센트만 배출했습니다.[17]

중국이 1980년대 초반부터 역사적으로 유례가 없는 속도로 경제성장을 거듭해온 가운데 2017년 한 해 동안 (전 세계 배출량의 27퍼센트에 달하는) 98억 톤의 CO_2를 배출해 현재 세계 최대 CO_2 배출국이 된 것이 사실입니다. 이에 비해 미국은 2017년 (전 세계 배출량의 15퍼센트에 해당하는) 53억 톤을 배출했습니다. 하지만 이 부분에서도 2017년 인구 1인당 배출량은 중국이 1인당 7.0톤으로 여전히 미국의 1인당 16.2톤의 절반에도 미치지 못했습니다.

불평등과 기후변화에 대해 우리가 고려해야 할 두 번째 중요한 방법은 영향의 측면입니다. 지금 기후변화의 대가를 치르고 있는 사람은 누구이고, 기후변화가 심화될수록 점점 더 많은 대가를 치르게 될 사람은 누구일까요? 매사추세츠대학교 동료 교수인 제임스 보이스는 이 문제에 대해 오랜 시간에 걸쳐 뛰어난 연구 성과를 내왔습니다. 간단히 소개하면 그는 다음과 주장합니다.

부유한 국가는 가난한 국가보다 더 많은 화석연료를 태워 더 많은 이산화탄소를 배출한다. 그리고 특정 국가 내에서도 부유한 사람이 더 많은 상품과 서비스를 소비하기 때문에 화석연료 기반 경제로부터 더 많은 혜택을 받는다. 반면 지구온난화의 엄청난 대가를 참고 견뎌내는 것은 가난한 나라와 가난한 사람들 몫이다. 이들은 에어컨이나 방파제를 비롯한 적응 수단에 투자할 여력이 떨어진다. 이들은 궁지에 몰린 삶을 살며 (…) 기후 모델 분석에 따르면—상습 가뭄 지역인 사하라사막 남부와 태풍에 취약한 남아시아 및 동남아시아를 비롯해—지구온난화로 가장 큰 타격을 받을 것으로 예상되는 장소가 세계에서 가장 가난한 사람들 상당수의 삶의 터전이다.[18]

전 세계 석유와 석탄, 천연가스 기업들을 모두 폐쇄할 경우 민간 화석연료 기업의 소유주 즉 주주들보다 현재 화석연료 산업에 생계를 의존하는 노동자와 지역사회에 훨씬 더 큰 고통이 따를 것이라는 사실 역시 분명합니다. 해당 기업과 주주들의 상황에 대해서는 이미 언급했지만, 요점을 한 번 더 빨리 살펴보겠습니다.

물론 민간 화석연료 기업의 금융시장 가치는 향후 20~30년 동안 크게 하락하지 않을 수 없을 것입니다. 현재 이 기업들이 보유하고 있지만 기후 안정화를 이룰 가망이 조금이라도 있으려면 절대 태워서는 안 되는 석유와 석탄, 천연가스 매장량의 가치는 3조 달러에 달합니다. 어마어마한 액수의 돈이죠. 하지만 앞서 논했듯 태워서는 안 되는 석유와 석탄, 천연가스의 기업 소유와 관련된 이 기업 가치 3조 달러는 향후 약 30년에 걸쳐 꽤 서서히 감소할 것입니다. 이는 화석연료 기업의 가치가 연평균 1000억 달러 감소하는 것입니다. 여전히 많은 돈이지만 2019년 기준으로 317조 달러에 달하는 전 세계 금융시장 전체 가치에 비하면 아주 적은 액수에 불과합니다. 이 연평균 1000억 달러 감소는 따라서 전 세계 금융시장 현재 가치의 약 0.03퍼센트에 해당합니다. 이 같은 수치들을 고려할 때 꽤 영리한 금융 투자자라면 화석연료 산업에서 발을 빼 다른 분야에 투자하기 시작할 때가 됐음을 깨달을 필요가 있습니다.

이처럼 순조로운 전환 계획은 현재 화석연료 산업에 생계를 의존하는 노동자와 지역사회에는 선택지가 되지 못할 것입니다. 이 노동자들과 이들이 거주하는 지역사회를 지원하기 위한 관대하고 효과적이고 공정한 전환 정책이 수립된다면 또 모르겠지만요. 이는 이들의 생계와 이들이 사는 지역사회의 활력이 화석연료 산업 내에서 자리 잡은 이들의 일자리에 백 퍼센트 의존하기 때문입니다. 지역사회 내의 화석연료 기업들이 문을 닫으면, 노동자들은 일자리를 잃고, 이들이 사는 주택의 가치도 곤두박질치고, 공립학교와 병원, 공공 안전, 거리 청소, 대중교통, 공원의 운영자금을 댈 세수가 고갈될 것입니다.

뒤에 좀 더 자세히 언급하겠지만 바로 이 때문에 전 세계 모든 지역에서 그린 뉴딜 프로젝트가 그 이름에 걸맞은 가치를 가지려면 반드시 공정한 전환 정책을 핵심 중의 핵심 요소로 인식해야 합니다. 보다 일반적으로 말해 글로벌 그린 뉴딜 프로젝트는 실제로 우리가 수용할 수 있도록 바로 우리 앞에 놓여 있는 경로를 통해 CO_2 순배출 제로를 달성하는 데 초점을 맞춰야 합니다. 이는 다시 말해 전 세계 노동자와 빈곤 계층을 위한 양질의 취업 기회 확대와 생활수준 향상에 기여하는 그린 뉴딜 프로젝트여야 한다는 뜻입니다. 글로벌 그린 뉴딜은 그럴 경우 두 세대에 걸쳐 세계경제를 지배해온 노골적 친기업 성향의 신자유주의라는 자본주의의 변종은 물론 최근 10년 새 신자유주의에 대한 뒤틀린 사이비 포퓰리즘적 반응으로 등장한 네오파시즘의 발호를 물리칠 방편이 될 수 있습니다.

🍀

국가마다 그리고 발전 수준이나 계층에 따라 불공평하게 작용하는 기후변화의 영향 문제를 좀 더 살펴보면, 나렌드라 모디 인도 총리 등 개발도상국의 일부 지도자는 '기후 정의climate justice'를 언급해왔습니다. 이는 이들 국가의 경제가 기후변화를 만들어낸 장본인이 아니라는 사실을 일컫는 말입니다. 이런 관점에서 볼 때 그렇다면 왜 이들 국가가 기후변화에 맞서 싸우기 위해 경제성장을 희생하는 짐을 져야 할까요? 이처럼 '기후 정의'를 부르짖는 주장에 대해 촘스키 교수님은 어떤 견해를 가지고 계신가요?

촘스키 그러한 주장은 꽤나 타당합니다. 덧붙이자면 인도를 비롯한 가난한 국가들이 기후 위기의 책임이 훨씬 적은데도 가장 큰 희생자가 된다는 사실을 지적하고 싶습니다. 그럼에도 불구하고 기후변화가 이런 나라들에 미칠 영향과 결과를 고려했을 때, 이들이 이를 기후변화 대처를 늦추는 구실로 삼는다면 자멸적 행동이 될 것입니다. 올바른 대처 방법은, 국제협약에 소극적으로 반영되고 그 실행 방안도 지극히 제한적이지만, 지속 가능한 에너지로 전환하는 데 필요한 지원을 부유한 국가들이 제공하는 것입니다. 하지만 앞서 언급한 대로 미국의 공화당이 이를 용인하지 않을 것입니다.

필요한 지원은 여러 가지 방식으로 제공할 수 있는데, 그중에는 상당한 효과를 발휘하면서도 국가 예산에는 겨우 통계 오차 수준에 불과한 부담만을 지우는 아주 간단한 방안들이 있습니다. 한 가지 예를 들자면, 인도는 폭염이 점점 더 극심해지고 잦아지면서 국토의 상당 부분이 간신히 생존 가능한 수준까지 상황이 악화되고 있습니다. 2019년 여름에는 라자스탄 지역의 기온이 50℃까지 치솟기도 했습니다. 그나마 형편이 나쁘지 않은 사람들은 에너지 효율이 무척 낮아 심각한 오염을 유발하는 에어컨을 사용하고 있습니다. 이런 상황을 바로잡는 것은 어렵지 않습니다. 우리의 어리석은 행동 때문에 짐을 떠안은 운명을 견딜 수 있을 만큼이라도 도움을 주려면 부유한 국가들이 얼마를 부담해야 할까요?

틀림없이 아주 최소한의 비용이면 될 겁니다. 우리는 분명 훨씬 더 큰 뜻을 품을 수 있습니다. 국내 지역과 국제사회 모두 가장 취약한 계층이 주된 관심 대상이 돼야 한다는 데 이해를 같이하고, 이러한 공동의 이해를 반영하고 촉진하도록 제도를 근본적으로 개혁하는 날까지 말입니다. 그리고 바쿠닌의 충고대로 현재 사회 안에서 미래 사회의 기틀을 다져야 하는 것만큼이나, 보다 인도적인 사회체제를 향한 감수성을 확립하기 위해 끊임없이 노력해야 합니다. 이는 더 이상 기발한 발상이 아닐 뿐더러 항상 무엇보다 우선해야 할 생각입니다.

🍀

지구 평균기온은 1880년대 이후 이미 1.1℃가량 상승했습니다. 불과 지난 10여 년 사이에 이 같은 기온 상승은 세계 곳곳에서 기록적인 폭풍과 산불, 가뭄, 산호초의 백화, 폭염, 홍수를 야기했습니다. 소득수준이 낮은 지역과 공동체들이 이 충격에 가장 취약한데, 그 근본 이유는 이들이 스스로를 지키는 데 필요한 자원이 더 적기 때문입니다. 이처럼 갈수록 심각해지는 영향으로부터 개인과 공동체, 환경을 지키기 위해 지금 취해야 할 주요한 조치들은 무엇이 있을까요?

폴린 질문의 두 부분 모두 좀 더 확실히 짚고 넘어갈 필요가 있습니다. 우선 기후변화의 심각한 영향은, 어떤 기후 예측 모델이 가장 정확한 것으로 판가름 날지에 따라 단순히 우리 자녀와 손주, 증손이 맞닥뜨려야 할지도 모를 문제가 아니라는 점부터 분명히 짚고 넘어갑시다. 기후변화의 영향은 바로 지금 나타나고 있습니다. 일례로 2019년 세계기상기구WMO는 『2019년 지구 기후 상태』 보고서에서 "기록적인 온실가스 농도 증가가 지구 기온을 점점 더 위험한 수준으로 끌어올리면서 기후변화의 물리적 징후와 사회경제적 영향이 가속화하고 있다"고 경고했습니다.[19]

또한 사회자의 언급처럼 기후의 영향으로 발생하는 사건들은 언제나 저소득층과 저소득 공동체에 가장 큰 피해를 입히기 마련입니다. 이유는 간단합니다. 건조지역에서 농사를 짓는 농부들은 관개는 비에, 홍수 예방은 삼림에 각각 의존합니다. 때문에 이들은 가뭄과 홍수가 증가하는 빈도와 심각성에 가장 크게 영향을 받습니다. 게다가 가난한 사람들은 가뭄이나 홍수가 휩쓸고 지나간 뒤 가격이 폭등할 때 필요한 식량을 구입할 여력이 없는 사람들입니다. 저소득 공동체 역시 하수도의 효율성이 떨어지는 데다 범람을 막을 제방과 댐도 가장 적은 곳입니다.

WMO의 2019년 보고서는 2018년 발생한 기상이변 중에서도 열대 사이클론 이다이Idai를 집중 조명함으로써 이 같은 영향에 대한 극적인 증거들을 제공합니다. 이다이가 일으킨 엄청난 홍수로 모잠비크와 짐바브웨, 말라위에서 1,300명 이상이 목숨을 잃고 수천 명이 실종됐습니다. 보고서는 이 밖에도 2018년 발생한 281차례의 홍수로 인해 3500만 명 이상이 영향을 받았다고 설명하는데, 그중에는 거의 백 년 만에 최악의 폭우와 홍수를 겪은 인도의 케랄라주도 있습니다. 2018년에는 또 오랜 기간 기아와 영양실조가 감소하는 추세가 끝나면서 이상기후로 인한 세계의 기아도 증가했습니다. 따라서 우리는 지구 평균기온의 지속적인 상승에 따라 현재 세계 인구의 10퍼센트가 넘는 8억 2000만 명에 달하는 세계 기아 인구가 계속 증가할 것으로 예상해야 합니다.

2017년으로 한 해만 더 거슬러 올라가면 푸에르토리코는 허리케인 어마Irma와 마리아Maria를 겪었는데, 마리아는 최근 80년 새 푸에르토리코에 불어닥친 폭풍 가운데 최악이었습니다. 푸에르토리코 정부 통계에 따르면, 어마와 마리아로 3,000명 가깝게 목숨을 잃은 데다, 섬 전체 한 해 농작물 수확 가치의 80퍼센트가 손실되고, 그해 푸에르토리코 GDP의 90퍼센트에 달하는 900억 달러의 재산 피해를 입었습니다.[20] 기후변화로 유발된 재앙은 월스트리트와 미국의 정책 입안자들이 부과한 징벌적 긴축 정책으로 인해 푸에르토리코에서 이미 진행 중이던 심각한 경제 위기를 더욱 악화시키는 결과를 낳았습니다.

이와 비슷한 경험들이 갈수록 점점 더 잦아질 전망입니다. 때문에 글로벌 그린 뉴딜 프로젝트에 기후변화의 영향에 맞설 강력한 보호 대책들을 포함하는 것이 중요합니다. 이 보호책들은 식량과 종자, 담수 저장 시설 용량을 대폭 확충하고 이 구조물들도 기후 사건의 피해를 입지 않도록 단단히 보호하는 것에서부터 출발해야 합니다. 그다음으로는 방파제와 댐, 펌프 설비, 투수성 도로 포장, 물 부족을 완화하는 역할을 하는 식물의 충분한 확보 등 물 수요 관리 기반 시설을 포함해야 합니다. 취약 지역의 기존 건물들은 빗물과 폭염에 모두 대처할 수 있게 방호벽과 옥상 녹화를 갖추도록 개축해야 합니다. 취약 지역의 신축 건물은 토대를 더 깊이 파거나 지주를 세워야 합니다. 유기농업 역시 앞서 언급한 기업식 산업형 농업 대비 장점 외에도 기후 보호 면에서 중요한 이점을 제공합니다. 이는 유기농업이 가용 급수원을 유지하고, 그 물을 보다 효율적으로 사용하고, 토양 침식을 완화하는 데에도 산업형 농업보다 더 효과적이기 때문입니다. 가뭄 상태를 비롯한 비상시에 작물 수확량도 유기 농법이 더 높습니다.

이 모든 물리적 보호 대책과 추가 대책 외에도 개인과 공동체는 기후변화로 인한 피해에 대비해 효과적이고 가격도 적당한 금융 보험을 이용할 수 있어야 합니다. 이 보험은 거의 모든 상황에서 공영보험 프로그램의 형태를 띠어야 하는데, 이는 재산 손해보험이나 농작물 피해 보험 등 관련 민영 보험이 거의 모든 취약 계층에게는 부담하기에 비용이 너무 크기 때문입니다. 경제 전반에 걸쳐 공영 기후 보험 제도를 도입할 수도 있는데, 사회보장연금이나 고용보험 등 기존 사회 보험 제도와 연계하는 방안도 가능할 것입니다. 저소득 지역사회를 위한 혁신적 형태의 소액 금융 등 소규모 또는 지역 기반 공영보험 도입도 가능합니다.

물론 이러한 적응 대책에는 모두 비용이 듭니다. 이미 세계 전역에서 다양한 금융 지원 프로그램들이 기후 적응 대책으로 특화되거나 사회 기반 시설이나 주택 개발 등 보다 보편적인 지역 정책의 일환으로 운용되고 있습니다. 하지만 분명 지원책들이 현재 수준으로는 전혀 충분하지 않을 뿐 아니라, 역시나 저소득 지역이나 공동체에는 특히 더 부족합니다. 따라서 지금 우리가 최소한의 품위라도 지키려면, 고소득 국가 정부들이 전 세계적으로 이 프로젝트들을 지원하는 주요 자금 제공원이 돼야 합니다. 바로 이 국가들이 대기를 온실가스로 가득 채운 나라들이지만, 대단히 불평등하게도 현재 저소득층과 저소득 지역사회들이 이미 우리 앞에 닥친 기후변화의 결과들로 인해 고통 받고 있기 때문입니다.

🌧

모든 국가가 탄소 배출량 감축을 위한 노력에 진지하게 동참해야겠지만, 부유한 국가들이 가난한 국가들보다 그린 뉴딜에 자금을 댈 재원이 훨씬 많은 것 또한 분명한 사실입니다. 부자 국가들이 애초에 위기를 만들어낸 책임이 있는 나라이기도 하고요. 이런 맥락에서 '기후 금융'에 대한 논의를 시작할 필요가 있습니다. 글로벌 그린 뉴딜 투자 프로젝트의 현실성 있고 실현 가능한 방향을 간략히 제시해주시기 바랍니다.

폴린 우선 산업 정책과 금융정책을 탄소 중립 세계경제 구축을 위한 통합된 틀 안에서 함께 고려하는 것이 중요합니다. 그러므로 이 정책들을 하나씩 차례차례 살펴봅시다.

산업 정책

기술 혁신 그리고 훨씬 더 광범위하게는 기존 청정에너지 기술의 적용을 촉진하는 산업 정책이 필요합니다. 국가별 정책은 자국 내 구체적 상황에 맞게 만들어져야 합니다.

　활기 넘치는 청정에너지 시장의 창출을 이끌어낼 수 있는 주요한 정책 개입 가운데 하나가 정부 스스로 에너지 효율 분야의 대규모 투자자이자 청정 재생에너지 구매자가 되는 것입니다. 이에 비견할 만한 값진 역사적 경험이 1950년대 초반 미군 내에서 진행되기 시작한 인터넷 개발입니다. 인터넷을 상용화하는 과정에서 미군이 35년 동안 확실히 보장된 시장을 제공했고, 그 덕에 인터넷 기술을 단계적으로 완성해가는 한편 민간 투자자들이 효과적인 상용화 전략을 점진적으로 개발할 수 있었습니다.[21]

하지만 민간 부문의 청정 재생에너지 구매를 통해 안정된 가격을 보장하는 것 역시 이 부분에서 매우 중요합니다. 이 같은 정책은 '발전차액지원제도feed-in tariffs'라고 불립니다. 구체적으로 발전차액지원제도는 전력 회사가 민간 재생에너지 발전 업자로부터 고정된 가격에 장기 계약으로 전기를 구매하도록 의무화하는 제도로, 1970년대 미국에서 처음 도입돼 현재 미국 내 여러 주와 지역에서 프로그램이 운용되고 있습니다. 하지만 발전차액지원제도의 효과는 미국 이외의 지역, 특히 독일과 이탈리아, 프랑스, 스페인, 캐나다에서 훨씬 더 크게 나타났습니다. 이 제도가 성공을 거둔 핵심 요인은 간단합니다. 에너지 생산 비용을 적절히 반영하면서 동시에 에너지 공급 업체의 이윤도 보장할 수 있게 재생에너지 가격을 책정한 것입니다. 이 정책은 안정적이고 장기적인 시장 환경을 제공함으로써 민간 재생에너지 투자자들을 장려했습니다.

또 다른 주요 정책 집합으로는 석유와 석탄, 천연가스 소비의 직접적인 감축을 목표로 하는 정책들이 있습니다. 탄소거래상한제carbon caps와 앞서 언급한 탄소세가 이에 해당합니다. 적어도 이론상으로 탄소거래상한제는 전력 회사 같은 주요 오염 발생 주체의 탄소 배출 허용 규모에 확실한 한계를 설정합니다. 이 정책은 또 석유와 석탄, 천연가스의 공급을 제한함으로써 가격을 끌어올립니다. 반면, 탄소세는 화석연료의 소매가격을 직접 인상하고 이를 통해 발생한 가격 신호를 통해 화석연료 소비를 줄이는 것을 목표로 합니다. 두 접근법 모두 화석연료 소비를 크게 줄일 만큼 거래 상한이 엄격하거나 탄소세율이 높고 면제 조항이 최소한으로 설정되거나 아예 없는 경우 효과적일 수 있습니다. 화석연료 가격 인상은 또한 당연히 에너지 효율 향상과 청정 재생에너지 투자 모두에 더 큰 유인 동기를 제공할 뿐 아니라, 이 같은 투자에 자금을 지원할 재원을 만들어냅니다. 이 문제는 뒤에서 다시 다루겠습니다.

그러나 두 접근법 모두 상당한 문제가 있습니다. 탄소 거래 상한을 설정하거나 탄소세를 부과하면 정책 설계를 통해 해결해야 할 부정적 소득 재분배 효과가 발생합니다. 다른 모든 조건이 동일할 경우 화석연료 가격 인상은 부유한 가정보다 저소득 가정에 더 큰 영향을 끼치는데, 이는 휘발유와 가정용 난방유, 전기가 저소득 가정의 소비에서 더 높은 비중을 차지하기 때문입니다. 이 문제의 효과적 해결책 가운데 하나는 거래 상한이나 탄소세를 통해 만들어낸 수입의 상당 부분을 저소득 가정에 보조금으로 지급해 화석연료 비용 상승을 상쇄해주는 것입니다.[22]

전력 회사에 부여하는 재생에너지 의무 공급 비율과 건물 및 차량의 에너지 효율 기준은 기능 면에서 탄소세와 비슷하게 작동합니다. 즉, 재생에너지 의무 공급 비율은 전력 회사가 재생 에너지원으로 전력을 생산해야 하는 최소한의 기준을 설정합니다. 차량의 에너지 효율 기준은 차급별로 달성해야 하는 최소 연비(또는 이에 준하는 기준)를 법으로 규정합니다. 건물 면적당 에너지 소비 허용 수준을 통해 건물에도 비슷한 효율 기준을 설정할 수 있습니다.

그러나 탄소거래상한제는 물론 재생에너지 의무 공급 비율 및 에너지 효율 기준과 관련해 드러난 큰 문제 중 하나가 시행상의 한계입니다. 아주 좋은 예로, 이 거래 상한 프로그램이—탄소 배출권 거래제 정책 등을 통해—탄소 배출권과 결합되면, 하드캡hard-cap*의 시행은 물론 감시조차 쉽지 않아집니다. 복잡한 거래 요건을 이용해 배출 상한을 쉽게 우회할 수 있기 때문입니다.[23] 이런 상황에서 규제 기준은 아무도 알아채지 못하는 사이에 간단히 무시됩니다. 실제로 뉴욕주는 2015년 전력의 29퍼센트를 재생 에너지원으로 발전해야 한다고 규정한 매우 온건한 재생에너지 의무 발전 기준을 자체 수립했습니다. 그러나 수십 년째 가동 중인 수력발전소들을 통해 오래전부터 전력의 17퍼센트를 생산해왔음에도 불구하고, 마감 시한이 됐을 때 뉴욕주는 전체 전력의 21퍼센트만 재생에너지로 공급받을 수 있었습니다. 그럼에도 불구하고, 앤드루 쿠오모Andrew Couomo 주지사를 비롯한 주 정부 관리들은 이후 훨씬 더 야심찬 청정에너지 목표를 수립하면서도 누구도 이 같은 실패를 공개적으로 인정하지 않았습니다. 따라서 제가 말씀드리고 싶은 것은 이 규제 조치들 모두 엄격하게 시행해야 한다는 것입니다.[24]

---

* 탄소 배출 상한을 절대 넘지 못하게 막는 규제

앞서 설명했듯, 관련 주체들의 관심을 끌 가능성이 있는 간단한 접근법 하나가 법으로 정한 재생에너지 의무 공급 비율 목표에 미달할 경우 전력 회사 CEO에게 징역형의 처벌을 내릴 수 있도록 하는 것입니다.

저렴하고 이용이 쉬운 자금 지원

원론적으로 보면 이 문제의 해결은 딱히 어려울 것이 없어야 합니다. 우선, 2010년 기준으로 투자은행 크레딧스위스는 전 세계 금융자산의 전체 가치를 317조 달러로 추산했습니다. 2021년부터 2조 4000억 달러를 청정에너지 분야 투자로 전환하자는 저의 제안은 이 전체 금융자산의 0.7퍼센트에 해당합니다.

하지만 논의를 명확한 안으로 구체화할 필요가 있습니다. 따라서 이해를 돕기 위해 청정에너지 분야의 공공 투자를 지원하는 네 가지 대규모 자금 조달원을 제안합니다. 이 밖의 다른 접근법도 실행 가능할 수 있습니다. 이 네 가지 자금 조달원은 (1)탄소세 전체 세입의 75퍼센트를 대중에게 보조금으로 환급하고, 나머지 25퍼센트를 청정에너지 투자 프로젝트에 투입 (2)세계 모든 국가, 그중에서도 특히 미국의 국방 예산 일부를 전환 (3)미국 연방준비제도Fed와 유럽중앙은행ECB이 발행하는 녹색 채권 기반 대출 프로그램 운영 (4)기존 화석연료 보조금의 전면 철폐 및 이를 통해 확보한 자금의 25퍼센트를 청정에너지 투자로 전환하는 것 등입니다. 이 재원 조달 방안 모두 강력한 근거가 있는 반면 각각의 제안이 모두 취약점도 있는데, 정치적 실현 가능성도 그중 하나입니다. 가장 합리적인 접근법은 따라서 이 방안들을 하나의 패키지로 묶어 각기 독립적 정책일 때 갖는 약점을 최소화하는 것입니다. 이 책 부록의 목록은 통합된 제안 모음을 요약된 형태로 보여줍니다.

1. 보조금 환급 조건부 탄소세. 앞서 밝힌 대로 탄소세는 두 가지 방법을 통해 기후 정책을 구현하는 장점이 있습니다. 화석연료 가격 인상을 통해 소비를 억제하는 동시에 새로운 정부 세입을 창출하는 것입니다. 그렇게 되면 최소한 탄소세 수입의 일부를 청정에너지 투자 프로젝트를 지원하는 데 전환할 수 있습니다. 하지만 탄소세는 중산층과 저소득층에 훨씬 더 큰 타격을 줄 수밖에 없는데, 이들 계층이 수입의 더 많은 부분을 전기료와 교통비, 주택 난방비로 지출하기 때문입니다. 제임스 보이스가 제안한 방식의 균등 보조금이 탄소세의 모든 효과가 전체 인구 집단에 공평하게 돌아가도록 보장하는 가장 간단한 방법입니다.[25]

따라서 다음의 탄소세 및 보조금 병행 프로그램을 검토해볼 필요가 있습니다. 다시 한번 청정에너지 투자 계획이 전면 시행되는 첫해인 2024년에 초점을 맞추면, 탄소 1톤당 20달러의 낮은 세율로 탄소세 부과를 시작합니다. 현재 전 세계 CO_2 배출 규모를 감안하면, 이 세율은 약 6250억 달러의 세입을 창출할 것으로 예상됩니다. 휘발유 가격에 초점을 맞춰 탄소세가 소비자 가격에 미치는 영향을 어림잡아 추정해보면 탄소세 1달러를 부과할 때마다 휘발유 1갤런의 소비자 가격에 약 1센트가 추가됩니다. 따라서 탄소세를 톤당 20달러로 시작할 경우 휘발유 1갤런 가격에 약 20센트가 추가됩니다. 2020년 현재 휘발유의 세계 평균 소비자 가격은 약 4달러로, 유통 과정과 세제 차이 때문에 평균 가격은 나라마다 상당한 차이를 보입니다. 하지만 이해를 돕기 위해 평균을 내보면 톤당 20달러의 탄소세를 부과하면 2020년 기준 세계 소비자 가격이 5퍼센트 인상됩니다.

그런 다음 이 세입의 25퍼센트만 청정에너지 투자 재원으로 사용하면, 청정에너지 투자 계획에 약 1600억 달러를 사용 가능할 전망입니다. 아울러 대중에게 균등하게 보조금으로 지급하는 전체 세입의 75퍼센트는 4650억 달러에 이릅니다. 이 돈이면 지구상의 모든 사람들에게 60달러씩, 또는 4인 가정에 240달러씩 지급할 수 있습니다.[26]

2. 국방 예산에서 자금 전환. 2018년 전 세계 군사비 지출은 1조 8000억 달러였습니다.[27] 미국의 국방 예산은 약 7000억 달러로 전 세계 총액의 40퍼센트에 육박했습니다. 군사비가 기본적으로 각국 시민들을 위한 안보 강화를 목표로 한다는 사실을 진지하게 받아들인다면, 국가별 국방 예산의 전부는 아니더라도 상당 부분을 기후 안정화 지원을 위해 전용할 논리적·윤리적 근거가

확실합니다. 하지만 정치적 실현 가능성의 영역을 벗어나지 않기 위해, 전 세계 군사비 지출의 6퍼센트를 기후 안보를 지원하는 용도로 전환한다고 가정해봅시다. 6퍼센트의 기금 전환은 모든 국가에 비례적으로 적용되며, 이렇게 조성되는 기금 총액은 1000억 달러에 달할 전망입니다.

3. 미국 연방준비제도와 유럽중앙은행의 녹색 채권 발행을 통한 자금 지원. 2007~09년 글로벌 금융위기와 뒤이은 경기 대침체에 대한 대응은 연방준비제도가 위기 동안 민간 금융시장에 기본적으로 무제한 구제금융을 제공할 수 있다는 사실을 보여주었습니다. 비영리단체 베터마켓Better Markets은 2015년 광범위한 연구 결과를 담아 발간한 『위기의 비용The Cost of the Crisis』에서 연방준비제도가 금융 시스템 붕괴 방지와 경제 안정, 경제성장 촉진을 위해 투입한 돈이 12조 2000억 달러에 달했다고 결론 내렸습니다.[28] 저는 연방준비제도가 녹색 채권 발행을 통한 자금 지원에 1500억 달러를 제공해줄 것을 제안합니다. 이는 2007~09년 금융위기 동안 연방준비제도가 긴급 구제 활동에 투입한 돈의 1.2퍼센트에 불과합니다. 연방준비제도의 자금 지원은 간단한 방식으로 세계경제에 투입될 수 있습니다. 즉 세계은행 같은 다양한 공공단체들이 무이자 장기 녹색 채권을 발행하고, 연방준비제도가 이 채권을 매입하는 것입니다. 그러면 이 채권을 발행한 여러 공공단체들이 글로벌 청정에너지 프로젝트의 범주에 드는 모든 다

양한 프로젝트들을 수행할 자금을 갖게 됩니다.

이 책을 쓰는 시점에 이러한 틀은 아직 연방준비제도의 정책 협의에 반영되지 않았습니다. 하지만 유럽중앙은행에서는 녹색 채권이 주된 관심사가 되고 있습니다. 《파이낸셜타임스》는 2019년 12월 당시 막 유럽중앙은행 총재로 부임한 크리스틴 라가르드Christine Lagarde가 이 문제에 대해 빠르게 행동에 나서고 있다며 다음과 같이 전했습니다. "라가르드 총재는 (…) 유럽중앙은행이 통화정책 수행 방식을 결정하기 위한 검토 과정에 기후변화에 대한 고려를 포함하는 방안을 추진 중이다. 유럽중앙은행은 시장의 자금 상황에 단연 가장 큰 영향을 미치는 기관이므로, 유럽의 기후 전환 방식을 결정할 투자 결정에 큰 변화를 불러일으킬 수 있다."[29]

따라서 유럽중앙은행이 녹색 채권 자금으로 1500억 달러를 제공해 미국 연방준비제도에 버금가는 기여를 할 수 있을 것으로 기대하는 것은 타당합니다.

4. 화석연료 보조금 철폐 및 이를 통해 확보한 자금의 25퍼센트를 청정에너지 투자로 전환. 화석연료 에너지의 공급가격과 소비자 가격의 차이를 통해 도출한 최근 추산에 따르면 소비자에게 직접 지급된 화석연료 보조금은 2015년 기준 전 세계적으로 약 3조 달러로 세계 GDP의 약 0.4퍼센트에 달했습니다.[30] 이 돈을 전부 청정에너지 공공 투자 지원금으로 전환하면 따라서

2024년 기준 청정에너지 투자 총액으로 예상되는 2조 6000억 달러를 전액 충당하고도 남습니다. 3조 달러면 또 1조 3000억 달러에 달하는 전 세계 공공 투자를 감당하는 데 필요한 액수의 두 배가 넘습니다. 하지만 이 같은 화석연료 보조금은 대개 모든 에너지 소비자에 대한 보편적 지원의 형태로 사용됩니다. 때문에 화석연료 기업은 물론 저소득층과 중산층 가구가 이 보조금의 주된 수혜자들입니다. 따라서 전 세계 소득 분배의 관점에서 이 보조금의 전면 철폐는, 보조금 환급 없는 탄소세를 도입하는 것에 버금가는 상당한 역누진 효과를 빚을 가능성이 있습니다. 따라서 저소득 가구를 지속적으로 지원하기 위해서는 현재 화석연료 보조금을 통해 이 가구들에 지원되는 돈의 대부분을 청정에너지의 소비자 가격 인하를 지원하거나 저소득 가구에 직접적인 소득 이전을 제공하는 용도로 전환해야 합니다.

탄소세(1600억 달러)와 군사비 전환(1000억 달러), 중앙은행의 녹색 채권 프로그램(3000억 달러)을 통해 총 5600억 달러를 조성하게 될 것이라는 점을 감안하면, 화석연료 보조금으로 받는 3조 달러의 25퍼센트(7500달러)가 청정에너지 투자 기금으로 전환될 것으로 추정할 수 있습니다. 이 돈을 모두 합치면 2024년 기준 공공 투자와 민간 투자를 합친 총액(2조 6000억 달러) 중 공공 부문의 몫을 감당하는 데 필요한 공공 투자 기금 총액 1조 3000억 달러에 달할 것으로 보입니다.

금융 자원의 특정 투자 프로젝트 투입

일반 개발은행과 특수 목적 녹색 개발은행 모두 이미 청정에너지 투자 재원 조달에 깊숙이 관여하고 있습니다. 이 같은 노력들을 통해 청정에너지 투자에 필요한 민간 부문 재원 조달 규모를 달성하는 것이 매우 중요합니다.

독일의 사례가 유익한데, 이는 독일이 현재까지 선진 경제대국 가운데 청정에너지 경제 개발에서 가장 큰 성공을 거둬왔기 때문입니다. 독일 국책 개발은행인 재건은행KfW은 이 성공에서 결정적 역할을 했습니다. 스테파니 그리피스-존스Stephany Griffith-Jones는 재생에너지와 에너지 효율 분야 투자를 비롯해 독일의 녹색 전환 전반에 KfW가 미친 영향을 조사한 결과, KfW가 독일의 녹색 투자 재원 조달 총액의 약 3분의 1을 지불 보증했다는 사실을 발견했습니다. 이 은행은 에너지 효율과 청정 재생에너지 두 분야 모두에서 정책 구상을 효과적인 투자 계획으로 바꿔내는 데 중요한 역할을 했습니다. KfW는 또 유럽의 다른 지역과 개발도상국에서 녹색 투자 프로젝트의 재원을 조달하는 데 매우 적극적으로 나서왔습니다. 그리피스-존스는 "투명한 정부 정책과 이와 관련된 개발은행의 목표가 결합된 것이 독일의 녹색 기반 시설 구축에서 매우 긍정적인 결과를 낳았으며, 이는 신흥국가와 개발도상국에 그대로 이식될 수 있다"고 분석했습니다.[31]

그리피스-존스는 또 KfW가 실제 대출을 한 모든 영역에서 제공한 융자 조건에 대해서도 설명했습니다. 여기에는 KfW의 모든 대출 프로그램에 제공된 다양한 주요 보조금도 포함돼 있습니다. 특히 개발도상국의 청정에너지 투자 재원 조달과 관련해서는, 이 투자의 혜택이 사회에서 가장 수혜를 덜 받는 집단에게 충분히 돌아가는 것 역시 매우 중요합니다. 또 다른 연구에서 그리피스-존스와 공저자들은 효과적인 전략의 본보기로 청정 재생 에너지원으로 생산한 전기를 저렴한 가격으로 이용할 수 있는 기회의 확대를 꼽았습니다.[32] 저자들은 청정에너지 부문 투자가 화석연료 에너지 분야를 비롯한 성숙한 투자 영역에 맞먹는 이윤을 창출할 것으로 기대하는 것은 현실적이지 않다고 강조합니다. 청정에너지 투자를 위한 융자 조건이 대출자들이 감당할 수 있는 수준이어야 할 필요성은 자금 지원 전략의 지표가 될 명확한 사회적 기준을 정립한 공공 투자은행의 중요성을 더욱 높여줍니다.

돈이 어디에서 나와 어디로 가야 하나?

기본적인 공정성 기준이 글로벌 그린 뉴딜의 일부가 될 수 있도록 이 질문에 분명히 대답할 수 있어야 합니다. 세 가지 기본 요점을 되짚어보는 것부터 시작해봅시다.

1. 돌이켜 보면 미국을 비롯해 캐나다와 서유럽, 유럽, 일본, 호주

같은 고소득 국가들에게 대기를 온실가스 배출물로 가득 채워 기후변화를 야기한 주된 책임이 있습니다. 따라서 이 나라들이 글로벌 그린 뉴딜의 재원 조달의 주된 책임을 떠맡아야 합니다.

2. 이 같은 역사적 관점에서 현재로 돌아와 보면, 모든 국가와 지역의 고소득층이 현재 어느 누구보다 훨씬 더 큰 탄소 발자국을 가지고 있습니다. 2015년 국제구호기구 옥스팜Oxfam이 발표한 연구 결과에 따르면 전 세계 인구 가운데 소득 상위 10퍼센트의 평균 탄소 발자국이 하위 10퍼센트보다 60배 더 큽니다. 세계 최상위 1퍼센트 부유층은 하위 10퍼센트보다 175배나 더 많은 탄소를 배출하고 있습니다.[33]

3. 글로벌 그린 뉴딜의 선행 투자 비용은 실질적이고 상당한 규모로, 해마다 전 세계 GDP의 약 2.5퍼센트에 달해 앞서 살펴본 대로 2024년에는 2조 6000억 달러에 달할 전망입니다. 하지만 이 같은 투자는 시간이 지나면 에너지 효율 수준의 극적인 향상과 함께 평균 가격이 화석연료나 원자력과 비슷하거나 더 낮은 청정에너지를 점점 더 저렴한 가격에 풍족하게 공급함으로써 투입한 비용만큼 돈을 절약할 수 있습니다.

이 같은 전반적 틀 안에서 제가 제안한 재원 조달 방안은 세계적 공정성 측면에서 얼마나 기대에 부합할까요?

첫째, 제가 제안한 간단한 탄소세 및 보조금 병행 프로그램에 따르면 지구상의 모든 사람이 60달러씩 보조금을 받습니다. 미국의 보통 사람에게 이 60달러를 줘봐야 수입이 고작 0.1퍼센트 증가할 뿐입니다. 하지만 케냐 같은 나라의 보통 사람이 가욋돈 60달러를 받으면 수입이 약 6퍼센트 증가합니다. 현실적으로는 각국 정부가 이 기금을 자국민들에게 배분할 방법을 찾아내야 할 것입니다. 실제로 전 세계적 차원의 공정한 탄소세 프로그램을 시행할 수 있는 다양한 방법이 있습니다.[34]

국가별로 현재 국방 예산 규모에 비례해 전 세계 군비 총액의 6퍼센트를 전환하는 데 따른 효과 역시 무척 공평할 것입니다. 이는 미국을 비롯한 고소득 국가의 군사비 지출 규모가 중간 소득 국가와 저소득 국가보다 훨씬 더 크기 때문입니다.

녹색 채권 발행을 통한 재원 조달 방안은 어느 누구의 주머니에서도 돈을 빼내가지 않을 것입니다. 그 대신 세계 최대 중앙은행 두 곳이 사실상 필요한 만큼 돈을 찍어내야 합니다. 이는 이 은행들이 2007~09년 글로벌 금융위기 당시 취했던 것과 동일한 조치로, 당시 이 중앙은행들이 월스트리트와 세계적 엘리트 금융기관들의 도산을 막기 위해 펑펑 돈을 퍼준 것에 비해 훨씬 더 적은 규모라는 점만 다를 뿐입니다. 분명히 해두자면, 미국 연방준비제도나 유럽중앙은행이 기술적으로 '부채의 화폐화debt monetization'*

---

* 중앙은행이 돈을 찍어 정부의 부채를 갚는 정책

로 알려진 이 정책에 일상적으로 의지해야 한다는 말이 아닙니다. 하지만 이 정책이 두 주요 중앙은행이 동원할 수 있는 충분히 타당한 선택이며, 이 선택이 반드시 위기 상황에서만 제한적으로 실행돼야 한다는 점 역시 분명히 해둘 필요가 있습니다. 여기서 유의해야 할 점은 기금이 고소득 국가의 중앙은행에 의해 조성되겠지만, 전 세계에 공평하게 배분돼 세계 모든 지역의 청정에너지 투자 프로젝트에 대규모로 자금을 지원하게 될 것이라는 사실입니다.

그렇게 되면 모든 지역 그중에서도 특히 저소득 국가의 공공 투자은행은 특정 투자 프로젝트를 진전시키는 주된 가교 역할을 하게 될 것입니다. 공공 투자은행은 공공 부문과 민간 부문 모두 그리고 민관 합작 청정에너지 프로젝트의 자금을 지원하게 될 것입니다. 특정 국가의 특정 프로젝트를 위해 국영과 민영 방식 가운데 최고의 조합이 무엇인지는 알 수 없습니다. 독단적으로 굴면서 아닌 척해봐야 소용없습니다. 하지만 어떤 상황에서든 그리피스-존스와 공저자들이 강조한 기본 원칙만은 반드시 고수해야 합니다. 그 원칙은 바로, 민간 부문 프로젝트의 경우 민간 기업이 지난 40년 간 신자유주의 아래에서 마음껏 누렸던 수준의 이익을 내도록 허용하는 것은 옳지 않다는 점입니다. 민간 기업이 자신들의 청정에너지 투자를 지원하는 정부 보조금을 기꺼이 받아들인다면, 자신들이 누릴 수 있는 이윤의 한계도 기꺼이 받아들여야 합니다. 이러한 규제 원칙은 미국의 민간 전력 공급 부문 같은 곳에서는 통상적입니다. 이를 다른 부문에 이식하는 일이 어려울 까닭이 없습니다.

🌳

화석연료 의존에 마침표를 찍으면 대량 실업 사태가 발생할 것으로 우려하는 사람이 많습니다. 그렇다면 청정 에너지원으로의 전환이 정말로 새로운 일자리를 창출하고 나아가 성장을 촉진하기도 할까요?

폴린 녹색 경제의 건설이 고용 창출의 원천이라는 생각은 직관적으로 이해돼야 마땅합니다. 일자리를 없애는 '잡 킬러job killer'라는 등 종종 정반대로 묘사되기도 하지만요. 녹색 경제의 건설이 불가피하게 '건설'을 수반하는데, 이는 에너지 효율 기준을 극적으로 향상시키면서 동시에 재생에너지 공급도 극적으로 확대하기 위한 대규모 신규 투자를 뜻합니다. 거의 모든 일에 돈을 쓰면 일자리가 생겨납니다. 이 부분에서 던져볼 만한 유일한 질문은 '그렇다면 녹색 경제 건설 과정에서 얼마나 많은 일자리가 만들어지는가, 그리고 이에 상응해 화석연료 기반 시설의 축소와 최종적으로는 청산 과정에서는 얼마나 많은 일자리가 사라질 것인가'입니다.

사실 발전 단계를 막론하고 모든 국가는 기존 화석연료 기반 시설을 유지하는 것보다 청정에너지에 투자하는 것이 고용 창출 면에서는 상당히 득이 될 것으로 예상됩니다. 제가 다른 연구자들과 함께 수행한 연구 결과 브라질과 중국, 독일, 그리스, 인도, 인도네시아, 푸에르토리코, 남아프리카공화국, 한국, 스페인, 미국에서 이러한 관계가 성립하는 것으로 드러났습니다. 일정액의 예산을 투입했을 때 고용 창출 증가는 브라질이 75퍼센트, 인도네시아는 350퍼센트에 달합니다. 구체적 사례로 인도의 경우 제가 슈빅 차크라보티Shouvik Chakraborty와 함께 한 연구에서 매년 GDP의 2퍼센트씩 20년간 청정에너지 투자를 늘려가면 연평균 1300만 명의 일자리가 순증할 것으로 추산됐습니다. 이는 현재 인도 경제 기주으로는 전체 고용 규모의 약 3퍼센트 증가에 해당합니다. 게다가 이는 인도 화석연료 산업의 인력 감축에 따른 일자리 감소를 감안한 뒤의 수치입니다.

청정에너지 투자를 통해 만들어지는 일자리가 노동자들에게 괜찮은 보수를 제공하리라는 보장은 없습니다. 이 일자리들이 작업장 환경 개선이나 노조의 대표성 강화, 여성과 소수 인종을 비롯한 소수집단에 대한 고용 차별 감소를 이뤄내리라는 보장 역시 없습니다. 하지만 신규 투자가 일어날 것이라는 사실 덕에 사회 전반에 걸쳐—고용의 질 증가와 노조 가입률 확대, 소수집단을 위한 일자리 증가 등을 위한—정치 결집을 이끌어내기가 더 쉬워질 것입니다.

이와 함께 사람들이 석유와 석탄, 천연가스를 소비하는 데 생계를 의존하는 세계 전역의 노동자와 공동체가 청정에너지 전환 과정에서 피해를 보게 될 것입니다. 화석연료 산업의 단계적 축소와 폐지로 부정적 영향을 받게 될 이 노동자와 공동체를 위해 공정한 전환 정책을 마련하는 데 지구의 운명이 달려 있다 해도 과언이 아닙니다. 공정한 전환 정책은 당연히 어떤 공정성의 잣대를 들이대도 정당합니다. 하지만 동시에 이는 정치 전략의 문제이기도 합니다. 대규모 구조조정 지원 프로그램이 없을 경우, 청정에너지 투자 프로젝트로 인해 해고에 직면한 노동자와 공동체는 아마도 분명 공동체와 생계를 지키기 위해 투쟁에 나설 것입니다. 이는 결과적으로 효과적인 기후 안정화 정책의 이행에 용납할 수 없는 지연을 야기할 것입니다.

미국 경제의 경우 브라이언 칼라치Brian Callaci와 저는 그 같은 프로그램에 드는 비용을 최대치로 잡아도 그리 많지 않은 연간 6억 달러로 추정합니다(이는 2018년 미국 연방정부 예산의 0.2퍼센트에도 못 미치는 액수입니다).[35] 이 정도 규모의 재정 지원이면 두 가지 영역에서 강력한 지원을 제공할 것으로 기대됩니다. (1)감원 위기에 직면한 노동자들의 소득과 재교육, 재배치 지원 (2)영향 받은 산업에 종사하는 노동자들의 퇴직연금 보장입니다. 다른 국가들도 당연히 이와 유사한 프로그램을 도입할 필요가 있습니다.

공정한 전환 논의에 포함해야 할 또 다른 영역은 현재 화석연료 산업에 크게 의존하는 공동체를 위한 재투자와 포괄적 지원입니다. 이 공동체들은 화석연료 산업이 축소되는 과정에서 엄

기후 위기와 글로벌 그린 뉴딜

청난 도전에 직면하게 될 것입니다. 쉽게 떠올릴 수 있는 정책 조합이 폐광을 비롯해 버려지는 석유와 천연가스 생산 현장 주변 땅을 정화하고 복구하는 것입니다. 또 다른 정책으로는 부지의 용도 변경이 있습니다. 전통적으로 독일의 석탄, 철강 및 화학 산업의 본고장이었던 루르 밸리는 성공적인 용도 변경의 두드러진 사례가 되고 있습니다. 1990년대 이래로 이 지역은 새로운 청정에너지 산업을 발전시키기 위한 산업 정책을 추진해왔습니다. 이 지역의 용도 변경 계획의 주요 사례 가운데 하나가 독일 탄광회사 RAG AG로, 이 회사는 프로스퍼-하니엘 광산을 발전 용량 200메가와트 규모의 양수식 수력발전소로 전환하는 작업을 진행 중입니다. 용도 변경된 시설은 라인-베스트팔리아 북부의 40만 가구 이상에 전기를 공급하기에 충분한 용량을 가진 '거대한 배터리'로 기능하게 됩니다.[36]

지구온난화의 파멸적 영향으로부터 지구를 구하기 위해 제안된 그린 뉴딜 계획의 대안 가운데 하나가 낭비와 지속 성장의 굴레를 뛰어넘는 새로운 경제로의 전환으로, 이러한 생각들이 한데 모여 '탈성장degrowth' 운동이 탄생했습니다. 폴린 교수님이 보시기에 탈성장은 현실성이 있거나 아니면 바람직하기라도 한가요?

폴린 탈성장 지지자들과 수년째 논쟁을 벌여왔습니다. 제가 보기에 이 문제의 요점은 간단합니다만, 몇몇 예외를 빼고는 대다수 탈성장 지지자들을 납득시키는 데 별다른 소득이 없었습니다. 이 책에서 다시 한번 시도해보겠습니다.

우선, 저는 탈성장을 지지하는 연구자와 활동가 대부분을 무척 존경합니다. 그들이 추구하는 가치와 관심사 거의 모두에 공감합니다.[37] 좀 더 구체적으로, 무절제한 경제성장이 가정과 기업, 정부가 소비하는 상품과 서비스 공급량의 증가와 함께 심각한 환경 훼손을 초래한다는 데 동의합니다. 또한 현재 세계 자본주의 경제에서 생산되고 소비되는 것들의 상당 부분, 그중에서도 특히 전 세계 고소득층이 소비하는 것들의 전부는 아니더라도 많은 부분이 낭비된다는 견해에도 동의합니다. 경제 개념으로서 성장 그 자체는 경제 발전에 따른 비용과 편익의 배분을 전혀 감안하지 않는다는 점 역시 명백합니다. 경제성장을 측정하기 위한 통계 개념으로서 국내총생산GDP도 마찬가지로 소비재 생산뿐 아니라 환경 피해를 일으키는 부분까지는 반영하지 못한다는 데 의문의 여지가 없습니다. GDP는 대부분 여성에 의해 수행되는 무보수 노동도 반영하지 못합니다. 1인당 GDP 역시 소득과 부의 분배에 대해서는 어떤 정보도 제공하지 않습니다.

이 모든 부분에 동의하더라도, 제가 보기에 탈성장은 여전히 기후변화라는 구체적 문제에 대해 현실성 있는 기후 안정화 체계 비슷한 것조차 제공하지 못하는 것이 사실입니다. 간단한 계산을 해봅시다. IPCC 보고서들을 통해 우리는 전 세계 CO_2 배출량을 현재 330억 톤 수준에서 30년 내에 0으로 감축해야 한다는 사실을 압니다. 이제 탈성장 강령을 따라 배출량 감축 계획을 이행할 경우 전 세계 GDP가 향후 30년간 10퍼센트 감소한다고 가정해봅시다. 그렇게 되면 전 세계 GDP가 2007~09년 금융위기와 경기 대침체 당시 경험했던 것보다 네 배나 더 큰 폭으로 줄어들게 됩니다. CO_2 배출량 면에서 이 GDP 10퍼센트 감소 자체의 순수 효과는 배출량을 정확히 10퍼센트, 즉 330억 톤에서 300억 톤으로 끌어내리게 됩니다. 탄소 중립 달성을 위해 노력하는 과정에서 경기 대침체에 버금가는 상황을 만들어내고도, 세계경제는 여전히 탄소 중립의 근처에도 가지 못하게 될 것입니다. 뿐만 아니라 전 세계 GDP 감소는 이유가 무엇이든 엄청난 실직과 노동자, 가난한 사람들의 생활수준 하락을 야기합니다. 경기 대침체 기간 동안 전 세계 실업자 수는 3000만 명 이상 증가했습니다. 2007~09년보다 GDP가 두 배나 더 감소할 경우 어떻게 대량 실업의 급격한 증가를 피할 수 있을지에 대해 설득력 있는 주장을 제시하는 탈성장 지지자를 한 명도 본 적이 없습니다.

따라서 분명한 것은, 탈성장 시나리오하에서도 탄소 배출량을 끌어내릴 강력한 요인은 GDP 전체의 축소가 아니라 에너지 효율과 청정 재생에너지 투자의 대규모 확대(회계 측면에서 이는 GDP 증가에 기여하게 됩니다)와 함께 석유와 석탄, 천연가스의 생산과 소비를 마찬가지로 극적으로 감축(이는 GDP 감소로 나타납니다)하는 것입니다. 다시 말해 전 세계 화석연료 산업은 2050년까지 제로로 '탈성장'하는 한편 청정에너지 산업은 크게 확대돼야 합니다.

탈성장의 근본적 문제들은 일본의 사례에서 잘 알 수 있는데, 일본은 높은 수준의 1인당 국민소득을 유지하면서도 벌써 한 세대째 경제 저성장을 이어왔습니다. 의문의 여지없이 탈성장 운동의 주요 지적 창시자 가운데 한 사람인 허먼 데일리Herman Daly는 일본이 "스스로 그렇게 부르든 아니든 이미 정상 상태 경제steady-state economy*에 거의 도달했다"고 평했습니다.[38] 1996~2015년 사이에 일본의 GDP 성장이 연평균 0.7퍼센트에 불과했다는 사실을 지적한 것입니다. 이 같은 저성장은 1966년부터 1995년까지 30년간 연평균 성장률 4.8퍼센트를 기록했던 것과 대조적입니다. 그럼에도 불구하고, 2018년 기준으로 일본은 1인당 GDP 약 4만 달러로 경제 대국 가운데 소득 순위 상위를 지켰습니다.

거의 25년 동안 제로 성장 경제에 가까운 상태를 유지해왔음에도 불구하고, 일본의 CO_2 배출량은 2017년 기준 국민 1인당 8.8톤으로 세계 최고 수준을 유지하고 있습니다. 뿐만 아니라 일본의 1인당 배출량은 1990년대 중반 이후로 소폭 감소하는 데 그쳤습니다. 이유는 간단합니다. 2017년 기준으로 일본 전체 에

---

* 성장이 지속 가능한 환경의 역량을 넘지 않는 선에서 이뤄지는 경제 상태

너지 소비의 89퍼센트가 여전히 석유와 석탄, 천연가스를 태워 만들어낸 것입니다. 수력은 일본의 전체 에너지 소비의 약 2퍼센트를 공급하고, 태양광과 풍력이 또 다른 2퍼센트를 공급합니다.[39]

따라서, "정상 상태 경제에 거의 도달"했음에도 불구하고 현실성 있는 기후 안정화의 길로 나아가는 데 있어 일본은 기껏해야 미미한 진전을 이뤘을 뿐입니다. 적어도 공식 선언으로는 이 나라가 재생에너지 부문을 급속도로 확대하고 탄소 배출량을 감축하겠다고 다짐했음에도 불구하고 일어난 일입니다. 빠르게 성장하는 중이든 전혀 그렇지 않든 상관없이 크고 작은 규모의 모든 경제가 그렇듯, 일본은 석유와 석탄, 천연가스에 대한 의존도를 제로로 '탈성장'시키는 한편 청정 재생에너지 분야를 크게 확대하겠다는 약속을 진지하게 이행해야 합니다.

♣

촘스키 교수님은 기후변화 문제에 대한 '탈성장' 대안에 대해 어떻게 생각하십니까?

촘스키 지속 가능한 에너지로 전환하기 위해서는 성장이 필요합니다. 태양광 패널과 풍력발전기의 건설과 설치, 주택의 단열 시공, 효율적인 대중교통 수단 구축을 위한 대규모 기반 시설 구축 외에도 많은 것들이 요구됩니다. 따라서 "성장은 나쁘다"고 잘라

말할 수는 없습니다. 때로는 그렇지만, 때로는 그렇지 않습니다. 물론 에너지 산업과 대개 탐욕스럽기 그지없는 금융기관, 비대하고 위험한 군부 세력을 비롯해 훨씬 더 많은 부문에서 (급속한) '탈성장'은 우리 모두 지지해 마땅합니다. 우리는 폴린 교수님이 지금까지 그래온 것처럼 살 만한 사회를 만들어낼 방법을 고민해야 합니다. 이런 고민은 성장과 탈성장 모두를 포함해 여러 가지 중요한 문제를 제기합니다. 어떻게 균형점을 찾아낼 것인가는 광범위한 영역에 걸친 구체적 선택과 결정에 달렸습니다.

♣

개발도상국이 기후변화의 악영향을 최소화하기 위한 노력에 일조할 수 있도록 부유한 국가들이 상당한 금액을 개발도상국에 기부한다고 가정했을 때, 부유한 국가들이 개발도상국에게 정치적·경제적 요구를 해올 것으로 예상해야 할까요? 이로 인해 세계 자본주의 경제의 중심국과 주변국 사이에 새로운 형태의 제국주의가 출현할 수 있을까요? 그리고 만약 그렇게 된다면 개발도상국 내부에서 글로벌 그린 뉴딜에 맞서는 정치적 도전이 일어날 것까지 예상해볼 수도 있을까요?

촘스키 좀 더 자신 있게 그런 가정을 할 수 있다면 참 좋겠습니다. 이미 언급한 대로 공화당이라는 조직은 부자와 특권층의 금고를 채우는 데 충분히 기여하지 못한 죄를 물어 미국인들을 무자비하게 처벌하는 데 여념이 없는 것만큼이나, 가난한 나라들을 지원하는 데도 단호히 반대하는 입장입니다.[40] 뿐만 아니라 이보다 덜 무자비한 국내와 국제사회 분야에서조차 적극적인 지지 목소리는 그다지 높지 않습니다. 미국인들이 대외 원조에 대해 묘한 오해를 하고 있다는 점을 언급할 필요가 있을 것 같습니다. 여론조사 결과를 보면 미국인들은 대외 원조의 규모를 크게 과대평가하면서도, 원조가 어느 정도 규모로 이뤄져야 한다고 생각하는지 묻는 질문에는 미미하기만 한 실제 규모보다 훨씬 더 많은 액수를 제시합니다. 이는 이 중차대한—아울러 도덕적 책무이기도 한—정책을 지지하도록 대중을 조직할 가능성이 있음을 시사합니다. 대개 이런 문제에서 상황은 원조 제공국의 의식과 의지, 대중운동의 힘에 따라 달라집니다. 이런 것들이 갖춰져야 사회자가 열거한 결과들을 피할 수 있습니다. 이 모든 문제들이 활동가들에게는 큰 시련이 아닐 수 없습니다.

만약 우리가 절실히 요구되는 지원을 상당한 규모로 제공하는 지점에 이른다면, 틀림없이 부유한 국가의 정책 입안자들이 국제통화기금IMF의 구제금융 조건처럼 원조를 받는 나라들을 자신들이 우선시하는 사항에 옭아매는 조건을 부여하려고 할 것입니다. 결국 우리는 다시 같은 질문으로 돌아가게 됩니다. 대중운동이 그 같은 시도들을 뒤엎고 지속 가능한 에너지 정책으로의 힘겨운 전환을 촉진할 진정한 원조를 제공하기에 충분한 의식과 규모에 이를 수 있을까요? 해결해야 할 일들은 이 밖에도 많습니다.

♣

폴린 교수님 같은 그린 뉴딜 지지자들은 '완전고용' 경제를 자주 언급합니다. 글로벌 그린 뉴딜의 추진과 완전고용 경제를 지지하는 입장 사이에는 어떤 연관성이 있나요?

폴린 완전고용을 향한 노력은 글로벌 그린 뉴딜과 완벽히 일치하며 글로벌 그린 뉴딜을 지원한다고 이해해야 합니다. 이 점에서 몇 가지 결정적인 상호 연관성이 있습니다.

완전고용 경제는 가장 기본적으로는 모든 구직자에게 돌아갈 괜찮은 일자리가 풍족하게 존재하는 경제입니다. 우선 개인의 관점에서는 일자리를 얻을 수 있는지, 그리고 만약 그렇다면 그 일자리가 괜찮은 급여와 혜택, 깨끗하고 안전한 환경을 제공하고, 자신과 동료들을 공정하게 처우하는지가 거의 모든 사람에게 매우 중요합니다. 풍족한 취업 기회는 경제의 전반적 건전성을 위해서도 필수적입니다. 취업률이 상승하면 경제의 전체적인 구매력도 상승합니다. 사람들 호주머니에 쓸 돈이 더 많아지니까요. 이는 시장의 활력이 증가하고, 중소기업과 대기업 모두 사업 기회가 확대되고, 공기업과 민간 기업 모두 투자 규모를 확대할 강력한 동기가 부여된다는 뜻입니다. 여기에는 녹색 경제 구축을 위한 투자도 포함됩니다. 좋은 일자리가 풍족한 경제는 또 개인의 기회와 평등을 동시에 고취하는데, 이런 경제가 모든 사람에게 스스로와 가족을 부양할 기회를 제공하기 때문입니다.

따라서 완전고용은 단일 정책으로는 사회적·경제적 평등을 촉진하는 데 가장 효과적인 정책이기도 합니다.

1930년대 대공황과 최초의 뉴딜 정책, 제2차 세계대전을 거치는 동안 완전고용 상태의 창출은 세계 전역에서 경제 정책의 핵심 주안점이었습니다. 물론 이 목표에 집중하는 정도는 국가별로 그리고 집권 정치 세력에 따라 상당히 달랐지만요. 하지만 1970년대 높은 인플레이션 시대와 뒤이은 신자유주의 혁명—1979년 마거릿 대처의 영국 총리 선출과 1980년 로널드 레이건의 미국 대통령 당선이 결정적 분수령이 됐습니다—으로 인해 핵심 경제정책으로서 완전고용은 월스트리트와 국제 자본가들에게 더없이 고분고분하게 순종하는 체제에 밀려나버렸습니다. 이 같은 변화에는 완전고용보다는 낮은 인플레이션 유지, 사회복지 제도를 포함한 공공 부문 축소, 친노동자적 노동법 폐지 또는 약화, 그리고 물론 금융시장 규제 철폐에도 초점을 맞춘 거시경제 정책이 포함됐습니다. 특히 금융 규제를 철폐하겠다는 신자유주의의 신념은 결국 2007~09년 월스트리트 붕괴와 경기 대침체의 가장 직접적인 원인이 됐습니다.

신자유주의 혁명은 1867년 발간된 『자본론』 1권 중에서 칼 마르크스 스스로 가장 애착을 보인 '산업예비군reserve army of labor' 장을 통해 처음 제기된 완전고용에 관한 근본적인 사실을 적나라하게 드러냈습니다. 즉, 자본가들이 완전고용에 반대하는 이유는 다름 아니라 완전고용이 자신들에 비해 노동자들의 협상력을 높여주기 때문입니다. 산업예비군이 고갈되고 이에 따라 노동자들의 협상력이 증가하면 노동자들의 급여가 인상될 가능성이 높습니다. 그렇게 되면 이익률이 압박을 받을 가능성도 높아집니다.

경기 대침체 이후 10년 동안 다른 고소득 국가들에 비해 미국의 공식 실업률이 가파르게 감소한 것이 사실입니다. 2020년 3월 초 현재 미국의 공식 실업률은 불과 3.5퍼센트로, 대침체가 절정에 달했을 당시 10퍼센트를 웃돌던 것과 대조적입니다.[41] 하지만 미국 내에서 이렇게 낮은 실업률이 유지되는 단계에서도 노동자들의 협상력은 아주 소폭 상승했을 뿐입니다. 이는 미국 기준보다 훨씬 낮은 급료도 기꺼이 받아들일 용의가 있는 전 세계 노동자군으로 산업예비군이 확대된 데다, 미국의 노동운동이 수십 년에 걸친 집요한 정치 공격으로 인해 약화됐기 때문입니다.

완전고용 정책은 여러 가지 면에서 현실성 있는 글로벌 그린 뉴딜에 크게 기여할 것입니다. 앞서 언급한 것처럼 완전고용은 청정에너지 경제 구축에 필요한 모든 투자 영역에서 우호적인 제반 환경을 만들어줄 것입니다. 완전고용은 현재 화석연료 산업에 의존하는 노동자와 공동체를 위한 공정한 전환을 관리하는 데도 필수적입니다. 이는 모든 나라에서 해직 노동자를 위한 단연 최고의 보호책이 완전고용으로 운용되는 경제이기 때문입니다. 완전고용 경제에서는—해직의 사유를 막론하고—큰 어려움 없이 다시 괜찮은 일자리를 찾을 수 있기 때문에 해직자들이 직면하는 문제가 크게 줄어듭니다. 완전고용 경제에서는 또 해직자들에게 적절한 수준의 금융 지원을 제공하기 위해 납세자들이 치르는 비용도 크게 줄어듭니다. 또한 온갖 형태의 신자유주의 긴축 정책들과 달리 완전고용 경제에서는 화석연료 분야 고용 감소로 큰 타격을 받은 공동체가 청정에너지를 비롯한 여러 분야에서 신규 투자를 유치할 가능성도 높아집니다.

우리는 글로벌 그린 뉴딜 정책하에서 청정에너지 경제 구축을 위한 투자가 고용 창출의 원동력이 될 것임을 이미 확인한 바 있습니다. 하지만 전 세계 GDP의 2퍼센트 규모로 청정에너지에 투자했을 때 창출될 고용 규모만으로는 완전고용을 달성하고 유지하기에 충분하지 않다는 사실 역시 알아야 합니다. 그린 뉴딜 투자는 그 자체로 많은 국가 환경에서 공식 실업률을 2~3퍼센트 끌어내릴 것으로 예상됩니다. 예를 들어 2020년 3월 스페인의 공식 실업률을 약 14퍼센트에서 11퍼센트로, 남아프리카공화국의 실업률을 29퍼센트에서 26퍼센트로 낮춘다면 이는 상당한 경기 부양책이 됩니다.[42] 하지만 이 나라들과 그 밖의 다른 곳에서 여전히 건재한 신자유주의 정책의 지배를 극복하고 완전고용을 향한 진지한 헌신을 이어가기 위해서는 추가로 강력한 보완적 정책 개입이 여전히 필요합니다.

유럽연합EU은 27개국으로 구성된 경제블록을 탄소 다량 배출 경제에서 제로 배출 경제로 전환하기 위한 야심찬 유럽 그린 딜 계획에 착수했습니다. 유럽 경제의 모든 주요 측면을 전면 개편하는 이 계획은 구체적으로 온실가스 배출량을 2030년까지 1990년 수준 대비 55퍼센트 감축하고 2050년까지 탄소 중립을 달성하는 것을 목표로 합니다. 우르줄라 폰데어라이엔Ursula von der Leyen 유럽연합 집행위원회EC 위원장은 이 계획을 "유럽이 달에 착륙하는 순간"이라고 칭했습니다. 하지만 이 계획은 많은 환경단체는 물론 스웨덴의 청소년 활동가 그레타 툰베리를 비롯한 기후 활동가들에게 신랄하게 비판받고 있습니다. 폴린 교수님은 유럽 그린 딜 계획을 어떻게 평가하시나요? 또 교수님이 제안한 글로벌 그린 뉴딜과 비교하면 어떤가요?

폴린 공표한 목표들을 보면 유럽 그린 딜은 매우 훌륭합니다. 2030년까지 온실가스 배출 총량을 55퍼센트 감축해서 2050년까지 탄소 중립을 달성하겠다는 목표는 IPCC의 배출량 감축 목표에 전적으로 부합합니다. EU는 따라서 IPCC가 제시한 목표에 대해 공식적인 지지 비슷한 조치를 취한 유일한 국가 그룹입니다. 유럽 그린 딜은 또한 현재 화석연료 산업에 의존하고 있어서 공정한 전환 정책 없이는 향후 20~30년에 걸쳐 화석연료 기업들이 퇴출될 때 큰 타격을 입을 수밖에 없는 노동자와 공동체를 위한 공정한 전환 정책에도 주안점을 두고 있습니다.

그렇지만 서류에 적힌 거창한 미사여구와 공약들 너머를 보면, 유럽 그린 딜이 몹시 불충분하다는 사실이 분명해집니다. 분명 정치에서는 대개 무언가를 달성하기 위해 누가 얼마나 많은 돈을 쓸 것인지가 공언한 목표를 달성하는 데 진정 얼마나 열성적인지를 보여주는 결정적 잣대가 됩니다. 이 기준에 따르면 유럽 그린 딜은 아직 진지한 계획이 아닙니다. 지금까지 이 계획은 2021~30년 기간 동안 청정에너지 투자와 공정한 전환 프로그램을 포함한 총 예산으로 1조 유로(1조 900억 달러)를 책정하고 있습니다. 이는 총 비용 기준으로 연평균 약 1000억 유로에 해당합니다. 2021~30년 EU GDP 총액의 0.5퍼센트에 불과한 액수입니다. 이 돈의 절반가량은 EU 예산으로 조달하고, 나머지 절반은 각국 정부와 민간 투자의 조합을 통해 추가로 조달해야 합니다.

사실 글로벌 그린 뉴딜 프로젝트와 관련해 앞서 제가 언급한 것처럼 2050년까지 탄소 중립을 달성하기 위해 필요한 청정에너지 투자 지출액은 매년 전 세계 GDP의 2.5퍼센트에 달합니다. EU 국가들이 이보다 적은 연간 GDP의 2퍼센트 정도의 투자 지출로 그럭저럭 해낼 수 있다고 쳐도, 이는 여전히 2021~30년 기간 동안 해마다 약 4000억 유로의 연간 예산이 필요하다는 뜻입니다. 이는 다시 말해 EU가 제안한 그린 딜 지출 약속의 네 배에 달하는 액수입니다. 사실 EU 스스로도 2030년까지 배출량 감축 목표를 달성하기 위해 필요한 예산이 연간 3000억 유로에 가까워야 할 것이라고 밝힌 바 있습니다. 지금 상황은 마치 EU가 화석연료 업계와 그 협력자들에게 유럽 그린 딜을 지나치게 걱정하지 않아도 된다는 메시지를 전달하려고 하는 것 같습니다.

이런 문제에도 불구하고 유럽 그린 딜을 전적으로 일축해버릴 여유가 우리에게는 없습니다. EU가 최소한 서류상으로라도 유럽이 "달에 착륙하는 순간"이라며 IPCC의 배출량 감축 목표를 달성하겠다는 의지를 보인 것은 무의미한 일이 아닙니다. 이 미사여구를 진지한 계획으로 바꾸는 것이 이제 지구를 구하겠다는 진정한 의지를 가진 모두의 과제입니다. 이를 위해서는 가능한 큰 목소리로 다음과 같은 주장을 지속적으로 펼치는 것이 매우 중요합니다. (1)이제 EU와 IPCC 공동의 배출량 감축 목표가 된 수치를 달성하기 위해 유럽이 일자리와 생활수준을 희생할 필요는 없으며 (2)청정에너지 기반 시설 구축이 시간이 지나면 소비자들에게 금전적 이익이 될 것이라는 사실입니다. 이는 에너지 효율 분야 투자가 당연히 소비자의 돈을 절약해주기 때문이며, 청정 재생 에너지원을 이용한 에너지 생산이 현재 이미 화석연료나 원자력으로 생산한 에너지와 가격이 같거나 더 저렴하기 때문입니다. 이런 점들을 충분히 인식시킬 수 있다면, 다른 지역에서처럼 유럽에서도 그린 뉴딜이 신자유주의하에서 여전히 수십 년째 이어지고 있는 긴축과 불평등의 증가, 기회의 감소에 맞선 평등한 해법이라고 당당히 주장할 수도 있을 것입니다.

♣

폴린 교수님은 글로벌 그린 뉴딜에 관한 연구뿐 아니라 미국의 여러 주들과 미국 전체, 인도, 스페인, 그리스 등의 국가와 자치령인 푸에르토리코에 대한 구체적 연구와 제안들을 내놓으셨죠. 이 모든 개별 연구들을 고려할 때, 개별 주나 국가의 행동이 지구를 구하기 위한 경주에 얼마나 큰 영향을 미칠 수 있다고 생각하시나요?

폴린 물론 일부 개별 국가들의 경우 탄소 배출 규모가 지구 전체 배출량에서 차지하는 비중이 대단히 크기 때문에 매우 중요합니다. 이 기준에서 보면 특히 두 나라가 가장 중요합니다. CO_2 배출량이 현재 세계 전체의 27퍼센트를 차지하는 중국, 그리고 현재 전 세계 총 배출량의 15퍼센트를 차지하는 미국입니다. 중국과 미국의 배출량만 합해도 세계 전체의 42퍼센트에 달합니다. 하지만 이 동일한 통계를 정반대 방향에서 바라볼 수도 있어야 합니다. 중국과 미국의 배출 규모를 합치더라도, 여전히 세계 전체 배출량의 무려 58퍼센트가 남게 됩니다. 개별 국가들의 배출량 수치를 조금 더 발전시켜 미국, 중국과 함께 EU 전체 27개 회원국을 포함시킬 수도 있습니다. 그렇게 되면 현재 전 세계 총 배출량의 10퍼센트가 더해져, 중국과 미국, 27개 EU 회원국을 합쳐 전 세계 총 배출량의 52퍼센트가 됩니다. 따라서 만약 중국과 미국 그리고 EU 회원국들에게만 관심을 기울일 경우, 현재 전 세계 총 배출량의 거의 절반에 가까운 탄소를 배출하는 나라들을 여전히 간과하게 됩니다.

요점은 우리가 늦어도 2050년까지 정말로 글로벌 탄소 순배출 제로를 달성하고자 한다면 모든 곳이 다 중요하다는 사실입니다. 순배출 제로는 장소를 불문하고 전부 제로를 의미합니다. 일부 소국이나 저소득 국가 또는 인구가 적은 미국의 몇 개 주에 예외를 인정한다면, 어디쯤에 경계를 설정하고 여전히 순배출 제로 목표를 달성할 수 있을까요?

실례로 다음 사례를 고려해봅시다. 현재 인도의 CO_2 배출량은 국민 1인당 1.7톤으로, 미국 내 거주자 1인당 평균 배출량의 8분의 1에 해당합니다. 이 차이는 인도의 평균 소득이 미국의 평균 소득의 3퍼센트에 불과하다는 사실을 반영합니다. 하지만 인도의 배출 총량은 22억 톤으로 여전히 전 세계 총량의 7퍼센트에 달하는데, 이는 전 세계 인구의 무려 18퍼센트가 인도에 살고 있기 때문입니다.

이제 인도 경제가 2050년까지 연평균 3퍼센트씩 성장하지만—이는 지난 30년간 인도가 경험한 성장률의 절반에 불과한 수치입니다—이 성장을 위한 에너지를 지난 3년간 인도의 성장을 이끌어온 화석연료 위주의 에너지 기반 시설로 공급한다고 가정해봅시다. 이 시나리오에 따르면 인도의 CO_2 배출량은 2050년까지 거의 세 배로 증가해 55억 톤에 달하게 됩니다. 다시 말해 저소득 국가라는 이유로 인도 단 한 나라만 계속 석유와 석탄, 천연가스를 태우도록 예외를 허용하더라도, 세계경제는 2050년 탄소 중립 목표의 근처에도 이르지 못하게 됩니다. 이제 인도 사례의 수치를 세계 전역의 모든 저소득 국가로 확대 적용해봅시다. 국가의 현재 평균 소득수준이나 전체 인구수를 비롯한 이런저런 수치들에 근거해 탄소 중립 기준의 예외를 인정할 경우, 성공할 가망이 있는 기후 안정화 계획을 이행할 가능성을 그냥 내팽개쳐버리고 말게 될 것입니다.

이 점을 이해하는 데 있어 재차 강조하고 싶은 것은 인도를 위한 그린 뉴딜 프로젝트, 또는 케냐나 세네갈, 그리스, 스페인, 콜롬비아, 푸에르토리코 등을 위한 그린 뉴딜 프로젝트가 이 모든 국가에서 대중의 생활수준 향상, 취업 기회 확대와 함께 깨끗한 공기와 토양, 물을 제공할 수 있는 프로젝트이기도 하다는 사실입니다. 따라서 그린 뉴딜은 신자유주의하에서 앞으로 수십 년간 지속될 심각한 경제 위기 및 생활수준 저하와 함께 지구 평균기온의 지속적인 상승을 막아낼 유일하게 현실성 있는 체제로 이해해야 합니다.

♣

기후변화와 불평등의 상관관계와 별개로, 인구 이동의 문제가 있습니다. 실제로 지구온난화 현상이 지속될 경우 통제 불능 상태에 빠진 세계는 주로 글로벌 사우스에서 서구를 향해 전례 없는 규모의 인구 이동을 경험하게 될 우려가 있습니다. 하지만 이 악몽 같은 시나리오는 우리가 기후변화의 영향을 억제하기 위해 청정 재생 에너지원을 도입하는 중에도 벌어질 수 있습니다. 이와 관련해 서구 국가들을 위한 인도적이면서도 현실성 있는 이민 제도는 무엇일까요?

촘스키 이는 정말 악몽 같은 시나리오로, 결코 미래의 일이 아닙니다. UN은 현재 폭력, 박해와 함께 지구온난화의 영향을 피해 달아난 난민이 6500만 명에 달하는 것으로 추정합니다. 이들이 생존할 수 있도록 최소한의 환경을 제공하느라 가난한 나라들이 가장 큰 타격을 받고 있습니다. 케냐와 우간다, 방글라데시 같은 나라들이죠. 반면 부유한 나라들은 이 난민 행렬 가운데 일부가 자기 나라 땅을 밟아 고귀한 인종적 순수성을 훼손할까 봐 전전긍긍하고 있습니다. 유럽은 중동의 참혹한 상황—그 중요한 책임은 유럽에 있습니다—을 피해 달아나는 사람들이 유럽으로 들어오지 못하도록 막아달라고 터키에 자금을 지원하고 있습니다. 유럽은 또 세계 최빈국 니제르에 이른바 '개발 원조'를 제공하고 있는데, 사실 이 돈은 난민들이 아프리카를 벗어나지 못하도록 막는 보안 시스템 '개발'을 위한 것입니다. 기억하시겠지만 아프리카가 역경에 처한 데는 분명 유럽이 역사적으로 역할을 했는데도 말입니다.[43] 한편 중동에서도 유럽이 물리력을 행사하거나 그저 못 본 채 외면하기로 한 결정에 막혀 수천 명이 죽어가고 있습니다.

북미의 상황도 별로 다를 게 없습니다. 트럼프 대통령의 끔찍한 범죄행위들은 잘 알고 계실 테니 새삼 다시 언급하지 않겠습니다. 이 행위들은 이 정부만의 독특한 방식으로 앞선 정부들이 저질렀던 범죄들을 새로운 차원의 가학 행위로 끌어올렸습니다. 멕시코 국경의 무장화는 클린턴 정부 당시 북미자유무역협정NAFTA이 체결될 무렵 영향을 받는 주의 주민 대다수의 반대를 무릅쓰고 시작된 일입니다. NAFTA가 멕시코 농업을 파괴해 난민 행렬을 만들어낼 것이라는 사실은 자명했습니다. 라틴아메리카의 농부들이 능률적일지 몰라도, 많은 보조금을 받는 미국의 기업식 농업의 적수는 못 되니까요. 멕시코 기업들이 NAFTA로 내국민 대우national treatment*를 받게 된 미국 거대 기업들의 적수가 못되는 것과 마찬가지죠(미국으로 탈출한 멕시코 난민들과는 사뭇 다른 대우입니다).

하지만 그건 시작에 불과합니다. 중앙아메리카를 파괴하는 데 미국이 얼마나 끔찍한 역할을 했는지 역시 다시 언급할 필요가 없어야 마땅하지만, 유감스럽게도 그래야 할 것 같습니다. 언론은 현재 여성 살해 범죄의 세계적 중심지가 돼버린 과테말라를 탈출한 많은 여성들을 포함해 이 나라를 탈출하지 않을 수 없게 만드는 비참한 상황을 생생하게 묘사하는 기사를 싣고 있습니다. 이 기사들은 때로는 난민들이 미국 국경에 다다르지 못하

---

* 외국 제품이 국내 시장에서 국내 제품과 동등한 대우를 받도록 보장하는 조항

게 과테말라로 다시 돌려보내는 한편 과테말라에 대한 얼마 안 되는 원조마저 삭감한 트럼프 대통령의 잔혹한 정책을 비난합니다. 기사들은 또 폭력과 범죄 아래 깔린 과테말라 사회의 뿌리 깊은 문화적 병리 현상들을 비판합니다.[44]

그러나 무슨 이유인지 이 기사들은, 어느 과테말라 시인의 말을 빌리자면 과테말라가 "영원한 압제의 나라에 봄 햇살이 비치던 시절"인 1944~54년 후안 호세 아레발로Juan José Arévalo와 야코보 아르벤스Jacobo Arbenz 대통령의 영도 아래 10년간 진행한 진보적 개혁을 통해 이 같은 병리 현상들을 극복 중이었다는 사실을 간과하고 있습니다. 당시 50만 명이 토지를 불하받았는데, 남미 학자 피에로 글레이헤세스Piero Gleijeses에 따르면 그중에는 난생 처음 "땅을 강탈당하는 대신 땅을 제공받은" 아메리카 원주민들도 있습니다. 글레이헤세스는 "과테말라의 농촌 지역에 새로운 바람이 불어왔다. 과테말라 주민 대다수를 짓누르던 공포의 문화가 사그라들었다. 머지않은 미래에 공포가 사라질지도 모를 일이었다. 마치 아득한 악몽처럼"이라고 당시를 회상합니다.[45]

하지만 그렇게 되지는 않았습니다. 1954년 뭔가 일이 벌어졌는데, 남미에서는 꽤나 흔한 장면이었습니다. 북미의 거물이 개입해 정부를 전복시키고 무자비하고 잔인한 독재 정부를 다시 세운 것입니다. 이후로도 워싱턴은 주기적으로 개입해 과테말라 특권층의 잔혹한 지배를 지켜냈습니다. 잔혹 행위는 잔인한 레이건 정권하에서 극에 달해, 훗날 집단 학살의 주동자로 유죄판

결을 받은 희대의 괴물 리오스 몬트Ríos Montt를 미국 대통령이 상냥하게도 "민주주의에 전적으로 헌신하는" 사람이며 인권 단체들로부터 "억울한 누명"을 쓰고 있다고 추켜세우는 가운데 사실상 집단 학살이 자행됐습니다. 뿐만 아니라 미 의회가 이 대량 학살자에게 무기가 직접 흘러 들어가는 것을 가로막자 레이건 추종자들은 그 공백을 메우려고 다른 나라들에 의지했는데, 그 주된 대상은 워싱턴이 강력하게 지지한 아르헨티나의 극우 독재 정부와, 반대 세력을 탄압하는 전문 기술과 무기를 언제든 제국주의 권력을 위해 사용할 준비가 되어있는 이스라엘이었습니다. 이스라엘은 지금도 과테말라 군대에 표준 장비를 제공하고 있습니다.

이 모든 문제들이 끔찍한 문화적 관행과 사회 분열, 심화되는 환경 악화를 피해 탈출하는 난민들의 비참한 상황에 관한 열정적이고 감동적인 기사들에는 담겨 있지 않습니다. 유럽의 상황 역시 거의 다를 게 없습니다. 심지어 더 터무니없는 상황이 벌어지고 있습니다.

따라서 프랜시스 교황이 '난민 사태'를 서구의 도덕적 위기라고 말한 것은 대단히 적절합니다.

그렇다면 "서구 국가들을 위한 인도적이면서도 현실성 있는 이민 제도는 무엇일까요?" 대개의 경우 난민들은 어디론가로 탈출하는 것이 아니라 어딘가로부터 탈출하는 것입니다. 그들이라고 고향에서 살고 싶지 않겠습니까. 따라서 가장 먼저 고향에서 그런 삶이 가능하도록 돕는 일부터 시작해야 합니다. 우리가 그들의 나라를 파괴하는 데 담당한 역할을 감안하면 이는 도덕적 의무라고 할 수 있습니다.

두 번째 단계로는 인도적 망명 절차를 수립해야 합니다. 하지만 이 예비 조치들조차 현재로선 상상하기 힘듭니다. 미국과 유럽 모두 그 정반대 방향으로 내닫느라 여념이 없기 때문입니다. 하지만 설사 이런 최소한의 인간 존엄을 성취할 수 있다고 해도, 악몽을 치유하려는 노력은 시작조차 하지 않은 것입니다. 그래서 더욱 서구가 파괴한 사회를 재건하고, 이미 이들이 겪는 곤경의 주요 요인이 되고 있고 단호한 조치를 취하지 않을 경우 머지않은 미래에 훨씬 더 심각한 요인으로 작용할 환경 재앙을 막기 위해 할 수 있는 모든 노력을 기울여야 합니다.

지구를 구하는 정치 결집

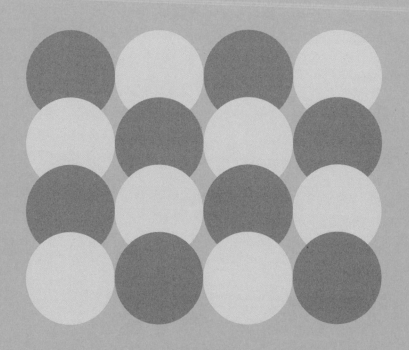

기후변화는 세계적 힘의 균형에 어떤 영향을 미칠까요?

촘스키 그건 지구온난화—또는 《가디언》이 보다 현실적으로 이름 붙인 '지구 가열global heating'—에 뒤이어 어떤 길을 걷는가에 달렸습니다. 만약 정책과 관행이 계속 현재 경로를 유지한다면 문제는 고려할 가치조차 없을 겁니다. 인류의 조직화된 사회생활 자체가 무너지고 말겠죠.

온전한 정신이 승리해 존속 가능한 사회체제가 일부 유지된다고 가정해봅시다. 그럴 경우 많은 것이 그 체제의 본성에 쇠우됩니다. 지구상의 생명체들을 대재앙에서 구하기 위해 취해야 하는 조치는 인간 사회와 대중 인식의 본질에도 상당한 변화를 유발할 수 있습니다. 이 임박한 재앙에 맞서기 위해 요구되는 공동의 노력과 국제 연대를 통해 인간 사회와 대중 인식이 보다 인도적이고 공정해져서, '세계적 힘의 균형'이라는 개념이 더 이상 쓸모가 없어지거나 적어도 본질적으로 훨씬 덜 잔인해질 수도 있습니다.

하지만 어떤 식으로든 조직화된 인간 생활을 유지하기 위한 조치들이 취해졌음에도, 그 같은 문명 단계에는 아직 이르지 못했다고 가정해봅시다. 그럴 경우 우리는 글로벌 사우스가 또다시 피해를 입을 것으로 예상할 수 있습니다. 남아시아와 중동, 그리고 아프리카의 대부분 등 많은 지역이 사람이 거의 살기 힘든 상태가 될지도 모릅니다. 부유한 국가들도 위기를 면치 못할 것입니다. 호주는 트럼프류의 범죄자가 나라를 재앙으로 몰고 가면서 심각한 위험에 처했습니다. 중국도 생태학적으로 심각한 문제가 있습니다. 러시아 역시 기후변화에 대단히 취약하지만, 중국과 달리 별다른 조치를 취하지 않고 있습니다.

잔인한 역사의 아이러니 중 하나가 작심하고 지구를 파괴하는 데 앞장선 나라인 미국이 아마도 단기적으로는 심각한 피해를 입을 가능성이 가장 적지만, 제2차 세계대전 승전 이후 거의 도전받지 않았던 국제사회 맹주의 자리를 계속 유지할 가능성도 매우 낮다는 사실입니다. 제2차 세계대전 당시 미국은 전쟁 동원을 위해 GDP의 거의 절반을 쏟아부은 끝에 승리를 따냈는데, 이는 앞으로 수십 년 내에 탄소 중립을 달성해서 대재앙을 모면하는 데 필요한 돈보다 훨씬 더 많은 액수였습니다.

품위 있는 문명 수준이 여전히 이룰 수 없는 꿈이라면 세계적 힘의 균형을 점치는 것이 괴로운 일이겠지만, 구조적으로는 제2차 세계대전 전후 시기와 크게 다르지 않을 수도 있습니다. '힘'의 양상이 과거보다 훨씬 더 추한 모습일지도 모르겠지만 말입니다.

폴린 촘스키 교수님의 표현대로 "정책과 관행이 계속 현재 경로를 유지한다면" 정말로 환경 재앙을 자초하게 될 것이므로, 교수님이 첫 번째로 제기한 비판적 견해를 강조하는 것 말고는 교수님의 비판적 시나리오에 보탤 말이 거의 없습니다. 실제로 촘스키 교수님의 견해는 국제에너지기구IEA의 대표 간행물 최신호인 『2019년 세계 에너지 전망』에서 전폭적인 지지를 받았습니다. 이 보고서는 동종의 간행물들 중에서 가장 광범위하고 권위 있는 주류 간행물입니다. 이번 보고서에서 IEA는 만약 세계가 IEA가 '기존 에너지 정책 시나리오Current Policies Scenario'라고 이름 붙인 현재 경로를 고수한다면, 전 세계 CO_2 배출량은 2040년이 돼도 현재 수준인 330억 톤에서 전혀 감소하지 않는 것은 물론 오히려 410억 톤으로 증가할 것으로 예측했습니다.

이보다 더 우려스러운 것은 IEA가 '공표 에너지 정책 시나리오Stated Policies Scenario'라고 이름 붙인 상황하에서 벌어질 사태에 대해 내놓은 예측입니다. IEA에 따르면 이 시나리오는 "전 세계 정부가 이미 시행 중인 정책 및 조치들과 함께, 공식 목표와 계획으로 표현돼 공표된 정책의 효과"를 고려하는 것을 목표로 합니다.[1] 때문에 다른 무엇보다 공표 정책 시나리오는 UN이 후원한 2015 파리 기후변화 정상회의에서 도출된 합의 사항들을 온전히 반영하려는 취지로 만들어진 것입니다. 당시 회의가 끝난 뒤 196개 모든 참가국은 기후변화가 초래한 중대한 위험을 공식 인정하고, 자국의 탄소 배출량을 크게 감축하겠다고 다짐했습니다. 그럼에도 IEA는 공표 정책 시나리오하에서도 전 세계 CO_2 배출량이 2040년까지 전혀 감소하지 않고 오히려 360톤까지 계속 증가할 것으로 추정하고 있습니다.

요컨대 IEA의 이 같은 전망은 앞서 언급한 것처럼 2030년까지 전 세계 CO$_2$ 배출량을 45퍼센트, 즉 약 180억 톤을 감축해서 2050년까지 탄소 중립을 달성하겠다는 IPCC의 목표와 극명한 대조를 이룹니다. 따라서 이 수치들을 고려할 때 "정책과 관행이 계속 현재 경로를 유지할 경우" 우리가 어디로 향하게 될지에 관한 촘스키 교수님의 견해가 전혀 과장이 아니라는 결론을 피할 수 없습니다.

하지만 만약 어떻게든 우리가 "온전한 정신이 승리해 존속 가능한 사회체제가 일부 유지된다"는 촘스키 교수님의 낙관적인 시나리오에 근접한다면 어떻게 될까요? 이 시나리오는 지구상에서 인간의 삶이 우리가 익숙히 아는 방식대로 지속될 수 있게 해주는 큰 혜택과 함께, 필연적으로 세계적 힘의 균형에 중대한 변화를 초래할 전망입니다. 이 낙관적 시나리오하에서 우리는 다른 성취들보다 특히 전 세계 화석연료 산업을 퇴출시키게 될 것입니다. 그렇게 되면 당연히 중동에서부터 시작해 그 밖의 지역으로 확산하면서 조금이라도 석유와 관련이 있는 기존의 모든 지정학적 환경을 송두리째 뒤바꾸어놓게 될 것입니다. 여기에는 강대국과 초국적 자본들의 음모에 미칠 상당한 거시적 영향이 포함됩니다. 하지만 앞서 언급한 대로 이 시나리오는 또한 세계 전역에서 공공과 민간, 협동조합 기업을 포함한 온갖 종류의 에너지 관련 소규모 계획들이 활짝 꽃필 기회를 열어줄 것입니다.

무엇보다 중요한 것은 이 시나리오가 대부분 저소득 국가의 시골 지역에 거주하는, 아직 전기를 공급받지 못하는 10억 명 가까운 사람들에게 적당한 가격의 에너지를 제공하는 계획을 포함한다는 점입니다.

현재 수입 화석연료에 경제의 작동을 의존하는 모든 국가에서 경제정책의 가능 영역 역시 크게 확대될 전망입니다. 이 나라들은 사회복지 예산을 억제하면서 세계 수출 시장에서 성공을 거두는 것을 거시 경제 정책의 최우선 과제로 삼는 신자유주의적 성향의 IMF를 더 이상 맹종하지 않아도 됩니다. IMF는 에너지 수입국이 긴요한 에너지 공급량을 구매할 충분한 자금을 항상 보유하고 있으려면 그 같은 긴축 조치가 필요하다고 주장합니다. 화석연료 이후 시대에 이 나라들은 대신 각자 청정에너지 기반 시설을 구축하고, 국내 경제 내에서 보다 폭넓게 기회를 확대하는 데 집중할 수 있습니다.

같은 이유로 현재 석유 수출로 이익을 얻고 있는 국가 역시 이러한 경제 모델에서 탈피해 보다 지속 가능한 개발의 길로 나아갈 필요가 분명히 있습니다. 이는 단기적으로 심각한 문제들을 상당히 만들어내겠지만, 초기 적응 기간이 지나면 어렵지 않게 극복할 수 있습니다. 사실 상당수 에너지 수출국이 현재 이른바 '자원의 저주'로 고통 받고 있습니다. 즉, 이 나라들은 에너지 판매를 통해 손쉽게 벌어들인 돈을 기반으로 전체 경제를 구축합니다. 외국 석유 기업들에게 대가를 받고 특혜를 제공하는 고위 정부 관료들은 특히 이 방식을 통해 얻는 특권에 익숙해진 상태입니다. 이 같은 자원의 저주의 결과 에너지 수출국 경제가 에너지 수입국 경제보다 표준 경제지표상으로 늘 더 좋은 성과를 내지는 않는다는 것이 일반적인 사실입니다. 일례로 2010~2015년 기간에 에너지 순수출국인 사하라사막 남부 아프리카의 6개국 경제는 에너지 순수입국인 22개국보다 평균 경제 성장률에서 근소한 우위를 점하는 데 그쳤습니다.

🌳

만약 코로나 바이러스라는 팬데믹 경험과 이에 대한 대응이 기후변화 대처 방식과 글로벌 그린 뉴딜의 전망을 밝히는 데 조금이라도 도움이 된다면 어떤 이유에서일까요?

촘스키 대담을 나누는 지금 세계는 온통 팬데믹 위기에 대한 우려에 휩싸여 있습니다. 그럴 만도 합니다. 코로나19는 대단히 위험하며 사람들의 삶을 심각하게 파괴하고 있으니까요. 하지만 지나갈 겁니다. 아마도 혹독한 대가를 치르고 나서, 다시 일어서겠죠. 하지만 북극 대륙의 빙하가 녹아버리는 것처럼 지구온난화가 끔찍하게 진행되면서 초래될 결과들은 회복이 불가능합니다.

거침없이 진행 중인 존재 위기를 모두가 못 본 척 외면하고 있는 것은 아닙니다. 위기를 부채질하는 데 여념이 없는 반사회적 인격장애자들은 집요하게 애를 써대고 있습니다. 여전히 트럼프와 그의 충신들은 파멸로 향한 경주에서 선두에 섰다며 으스대고 있어요. 이들의 어리석음에 적잖이 힘입어 미국이 대유행병의 진원지가 되어가고 있는 가운데, 백악관을 차지한 일당이 예산안을 내놓았습니다. 예상했던 대로 가뜩이나 비대한 국방비를 더욱 늘리고 트럼프가 고집해온 그레이트 월*을 건설하기 위해 의료 서비스 지원과 환경보호 관련 예산을 비롯해 소외계층에 혜택이 돌아갈 만한 예산은 전부 대폭 삭감해달라고 요구했더군요. 게다가 가학증의 끝을 달리기라도 하듯 "예산안은 천연가스와 원유 증산을 포함해 미국 내에서 화석연료 '에너지 붐'을 장려"하고 있습니다.[2]

한편 트럼프와 그의 패거리늘이 미국과 세계를 위해 준비한 관에 대못이라도 박듯, 기업 논리에 포획된 환경보호국EPA은 자동차 배출가스 허용 기준을 완화해서 환경 파괴를 부채질하고 더 많은 사람들을 공해로 인한 죽음으로 몰아가고 있습니다.

또한 역시나 예상했던 대로 화석연료 기업들은 '보모 국가'에 보내는 기업 청원의 맨 앞줄에 서서, 자신들의 악행으로 초래된 결과로부터 구원해달라고 관대한 대중에게 또다시 호소하고 있습니다.

요컨대 이 범죄자 무리들은 인류에게 어떤 영향을 미치든 전혀 개의치 않고 끊임없이 권력과 이윤을 좇고 있습니다. '인류의

---

* 미국-멕시코 국경을 가로막는 거대 장벽

생존'을 걱정하는 사람들이 이들의 시도에 맞서 이를 확실히 제압하지 않으면 참담한 결과가 빚어질 것입니다. 상황에 맞지 않게 점잔이나 빼고 있을 때가 아닙니다. 미국 최대 은행 JP모건 체이스에서 유출된 내부 문건에는 우리가 현재 경로를 고수할 경우 '인류의 생존'이 심각한 위험에 처하게 될 것이라고 적혀 있는데, 이는 다름 아닌 화석연료 생산에 자금을 대 대량 학살을 유발하는 자신들의 정책을 지칭한 말입니다.[3]

현재 위기의 고무적 측면 하나는 상호부조 노력을 시작한 공동체 조직이 늘고 있다는 점입니다. 이 같은 시도가 이미 사회체제의 근간을 무너뜨리고 있는 전례 없이 혹독한 현실에 맞설 구심점이 될 수도 있습니다. 수십 년간 이어져온 사회경제적 광기가 만들어낸 비참한 상황에서 분투하고 있는 의사와 간호사 들의 용기는 인간 정신이라는 자산에 바치는 헌사입니다. 헤쳐나갈 방법이 있습니다. 기회가 사라지는 것을 지켜보고만 있어서는 안 됩니다.

폴린 촘스키 교수님이 강조한 기본적 고려에 더해, 기후변화와 코로나 바이러스 대유행병이 상호작용하는 몇 가지 다른 방식이 있습니다. 우선, 에볼라 바이러스와 웨스트 나일 바이러스, AIDS를 포함한 최근 발생한 전염병과 마찬가지로 코로나19의 주된 근본 원인은 삼림 파괴 및 이와 관련된 인간의 침략으로 인한 동물 서식지의 파괴, 그리고 폭염과 가뭄, 홍수의 빈도와 강도 증가에 따른 남은 서식지의 붕괴입니다. 과학 저널리스트 소니아 샤Sonia Shah는 2020년 2월 서식지 파괴로 인해 야생종들이 "최근 파괴된 자신들의 서식지로 영역을 확장해 들어오는 인간 정착지와 반복적으로 밀접하게 접촉할 가능성이 높아질 것이다. 이렇게 밀접한 접촉이 반복되면서 야생종의 몸 안에 살고 있는 미생물들이 우리 몸으로 옮겨와 무해한 동물 미생물이 치명적인 인간 병원체로 탈바꿈하게 될 것"이라고 우려했습니다.[4]

위험수위의 대기오염에 노출된 사람이 깨끗한 공기를 마시는 사람보다 훨씬 더 심각하게 건강에 영향을 받을 가능성도 있습니다. 하버드대학교 기후·건강 및 지구환경센터의 애런 번스타인Aaron Bernstein은 "대기오염은 사람들이 폐렴을 비롯한 호흡기 감염에 걸릴 위험, 그리고 폐렴에 걸렸을 때 더 심하게 앓게 될 가능성과 밀접한 관련이 있다. 코로나19와 밀접한 관련이 있는 바이러스인 사스(중증급성호흡기증후군)에 관한 연구 결과 더러운 공기를 마시는 사람이 사스 감염으로 사망할 가능성이 두 배가량 더 높은 것으로 드러났다"고 밝혔습니다.[5]

코로나19 대유행병이 최악으로 치닫던 몇 달 동안 널리 제기된 또 다른 견해는 한국과 대만, 싱가포르처럼 위기에 비교적 효과적으로 대처한 국가들의 대응을 통해 위기가 닥쳤을 때 정부가 단호하고 효과적인 조치를 취할 수 있다는 사실이 입증됐다는 것입니다. 이 나라들의 코로나19 전체 사망자 수는 극히 적었고, 정부가 최초의 이동 제한 조치를 취한 뒤로 비교적 빠른 시일 내에 일상으로의 복귀가 이뤄졌습니다. 제가 말씀드리고 싶은 것은 정치적 의지가 강하고 공공 부문이 비교적 역량이 있다면 기후변화 대처에서도 이처럼 단호한 개입이 성공을 거둘 수 있다는 점입니다.

코로나 상황에 관한 견해에는 중요한 진실이 담겨 있지만, 주장을 지나치게 고집하지 않도록 주의해야 합니다. 일례로 일부 논객들은 코로나19 대유행병이라는 먹구름 사이로 비친 한줄기 빛이 경제 봉쇄로 인해 경기 침체가 이어지면서 경제 활동의 전반적 감소와 함께 화석연료 소비와 CO_2 배출량이 급감한 것이라고 주장해왔습니다. 사실이긴 하지만, 여기서는 2050년까지 탄소 중립 달성을 가능케 해줄 현실성 있는 배출량 감축 계획 이행과 관련해 어떤 긍정적 교훈도 찾아볼 수 없습니다. 제가 보기에 코로나19의 경험을 통해 오히려 탈성장 접근법을 통한 배출량 감축이 실행 불가능하다는 사실이 입증됐습니다. 대유행병과 경기 침체로 인해 탄소 배출량은 실제로 급격히 감소했습니다. 하지만 그건 단지 이 기간 동안 소득 역시 급감하고 실업률이 치솟았기 때문입니다. 따라서 팬데믹의 경험은 앞서 제가 논한 결론을 뒷받침해줍니다. 그린 뉴딜이 유일하게 효과적인 기후 안정화의 길을 제공하며, 이는 그린 뉴딜만이 배출량을 끌어내리기 위해 고용과 소득의 급격한 축소(또는 '탈성장')를 필요로 하지 않기 때문이라는 것입니다.

그렇지만 코로나19 대유행병과 경기 침체를 통해 얻어낸 진정 긍정적인 발전은 전 세계 많은 지역의 진보 활동가들이 그린 뉴딜 투자를 자국의 경기 부양책에 포함시키려고 노력하고 있다는 점입니다. 이러한 노력을 계속 이어나가 확실한 성공을 거두는 것이 무엇보다 중요합니다.

이 목표를 향해 나아갈 때 중요한 것은 그린 뉴딜 프로젝트의 다양한 요소들을 가장 잘 이행할 수 있는 방법에 진지하게 관심을 기울이는 것입니다. 이때 목표는 그린 뉴딜 프로그램의 단기적 부양 효과와 장기적 영향 모두를 극대화하는 것입니다.

저는 총 8000억 달러 가운데 900억 달러를 미국 내 청정에너지 투자에 할애했던 2009년 오바마 정부 경기 부양 프로그램의 녹색 투자 요소 선정 작업에 참여했던 개인적 경험을 통해 이러한 고려가 중요하다는 것을 압니다. 이 투자 요소들의 근간을 이룬 원칙은 건전했지만, 저를 포함해 다양한 단계에서 이 프로그램에 참여했던 사람들은 많은 프로젝트들을 정상 궤도에 올리는 데 현실적으로 요구되는 시간을 충분히 계산하지 않았습니다. 당시 우리는 '즉시 착수 가능' 프로젝트, 즉 대규모로 신속하게 시행해 즉각적인 경기 부양 효과를 낼 수 있는 프로젝트를 찾아내는 게 중요하다는 것은 알고 있었습니다. 하지만 당시 정말로 즉시 착수 가능한 녹색 투자 프로젝트는 비교적 많지 않았습니다. 그 중요한 이유 하나는 당시 녹색 에너지 분야가 새롭게 떠오르는 산업이었기 때문입니다. 추진이 확정된 비중 있는 신규 프로젝트의 수는 때문에 극히 적었습니다. 지금도 거의 모든 국가에서 그 수는 아주 조금 더 늘었을 뿐입니다.

이는 그린 뉴딜 경기 부양 프로그램을 입안하는 사람들이 현실적으로 수개월 내에 상당 규모로 실행 가능한 녹색 투자 프로젝트의 하위 그룹을 발굴해내야 한다는 뜻입니다. 거의 모든 국가 환경에 적용 가능한 좋은 사례 하나가 모든 공공 건축물과 상업용 건물의 에너지 효율을 개선하는 사업입니다. 이 사업은 단열 개선, 창문틀과 문 밀폐, 모든 전구의 LED 등 교체, 노후한 냉난방 장치를 효율성 높은 기기 그중에서도 가능한 곳에서는 가급적이면 히트 펌프*가 있는 장치로 교체하는 작업을 수반합니다. 이런 종류의 프로그램은 비서와 트럭 운전사, 회계사, 기후공학자, 건설노동자 등 많은 수의 일자리를 빠르게 만들어낼 수 있습니다. 이런 프로그램은 또 상당 규모의 에너지 절감을 통해 단기간 내에 비교적 낮은 비용으로 탄소 배출량을 줄일 수 있습니다. 이처럼 실제로 즉시 착수 가능한 프로젝트들을 기반으로 나머지 청정에너지 투자 프로그램들을 늘려감으로써 경기 불황에서 벗어나 장기적으로 지속 가능한 회복 경로에 올라설 수 있도록 탄탄한 토대를 제공할 수 있습니다.

♣

생태사회주의가 유럽 국가를 비롯해 세계 각국 녹색 정당들의

---

* 저온부에서 고온부로 열을 전달해 냉난방 효율을 높이는 장치

이념적 지평에서 갈수록 주요한 원리가 되어가고 있습니다. 이 때문에 녹색당이 점점 더 유권자층 특히 젊은이들의 마음을 얻어가는 것인지도 모릅니다. 생태사회주의는 미래를 위한 대안으로 진지하게 받아들일 만큼 충분히 응집력 있는 정치 활동일까요?

촘스키 깊이 있게 이해하지는 못해도 제가 아는 한 생태사회주의는 다른 좌파 사회주의 경향들과 공통점이 무척 많습니다. 지금은 우리가 특정한 '정치 활동'을 택하는 것이 그다지 도움이 되는 단계는 아니라고 생각합니다. 지금 당장 다뤄야 할 중요한 문제들이 있으니까요. 우리의 노력들은 실현되기를 바라는 미래 사회, 그리고 앞서 일부 언급했듯 여러 가지 측면에서 일정 정도는 현재 사회 내에서 구현될 수 있는 미래 사회에 대한 기준을 바탕으로 이뤄져야 합니다. 미래에 관한 구체적인 입장을 다소 상세히 드러내는 것도 나쁘지 않지만, 제가 보기에 현재로서는 이는 고수해야 할 발판이라기보다는 기껏해야 생각을 가다듬는 방편에 불과합니다.

자본주의 고유의 특성상 불가피하게 환경 파괴를 야기할 수밖에 없기 때문에 자본주의를 끝장내는 것이 환경운동의 최우선 목표가 돼야 한다고 주장할 수도 있습니다. 그러나 이 주장에는 근본적인 문제가 하나 있습니다. 기간입니다. 시급을 다투는 조치를 취하는 데 필요한 기한 내에 자본주의를 해체하는 것은 불가능한 일인데, 심각한 위기를 방지하기 위해서는 대대적인 국가 차원의 동원, 아니 세계적 동원이 필요하기 때문입니다.

뿐만 아니라 논의 전체에 오해의 소지가 있습니다. 환경 재앙 방지와 보다 자유롭고 정의롭고 민주적인 사회를 위한 자본주의 해체 이 두 가지 노력은 동시에 이뤄져야 하고 이뤄질 수 있습니다. 또한 대규모의 대중 조직을 통해 상당한 진전을 이룰 수 있습니다. 앞서 언급한 몇 가지 사례가 토니 마조치가 근로 현장에서 사주 경영진의 통제에 맞서고 환경운동의 선두에 서기 위해 노동 연대 구축을 추진한 일과, 미국 산업의 주요 부문을 국유화할 기회가 있었지만 이를 놓친 것입니다. 지체할 시간이 없습니다. 투쟁은 모든 영역에서 이뤄져야 하고 이뤄질 수 있습니다.

♠

폴린 교수님은 생태사회주의가 그린 뉴딜 프로젝트와 공존할 수 있다고 보시나요? 그리고 만약 그렇지 않다면 녹색 미래를 만들어내기 위한 투쟁에서 광범위한 정치 참여를 이끌어내기 위해서는 어떤 종류의 정치 이념적 의제가 필요할까요?

폴린 제가 보기에 시시콜콜한 미사여구와 강조법들을 걷어내면 생태사회주의와 그린 뉴딜은 근본적으로 같은 계획입니다. 보다 구체적으로, 그린 뉴딜은 이 책에서 줄곧 논의한 것처럼 기후 안정화로 가는 유일한 길을 제공하면서 동시에 세계 모든 지역에서 양질의 일자리 확대와 대중의 생활수준 향상에도 기여할 수 있다고 생각합니다. 그린 뉴딜은 세계적 차원에서 긴축 경제에 대한 명쾌하고 현실성 있는 대안을 분명히 보여줍니다. 저는 동료들과 함께 지난 수년간 미국은 물론 스페인과 푸에르토리코, 그리스 등 다양한 국가 환경에서 긴축 경제의 대안으로 그린 뉴딜을 추진하는 문제를 다뤄왔습니다. 그린 뉴딜은 제 생각에 기후 안정화로 나아가는 유일한 접근법이자, 불평등이 증가하는 상황을 반전시켜 글로벌 신자유주의와 네오파시즘을 물리치는 역할도 할 수 있습니다.

'생태사회주의'라는 말에 그린 뉴딜 외에 정확히 어떤 의미를 담을 수 있을지 정말 모르겠습니다. 생산 자산의 사유를 전면 폐지하고 이를 국유화하는 것을 의미하는 것인가요? 촘스키 교수님이 시사한 바와 같이 이런 일들이 기후를 안정시켜야 하는 기한 내 즉 적어도 30년 내에 일어날 수 있다고 진심으로 믿는 사람이 있나요? 그리고 사유재산의 전면 철폐가 사회 정의의 측면, 즉 전 세계 노동자와 빈곤 계층의 행복 증진 차원에서 실행 가능하거나 바람직하다고 확신하나요? 전 세계 에너지 자산이 대부분 이미 국유화됐다는 사실은 어떻게 봐야 할까요? 보다 구체적으로, 전면 국유화 전환만으로 2050년까지 탄소 중립을 달성할 수 있다고 어떻게 확신할 수 있을까요? 제가 보기에 무엇보다 중요한 과제는 이런저런 꼬리표들은 전부 치워버리고, 마르크스 자신이 주장했듯 공산주의 또는 사회주의에 관한 모든 과거 경험들 그리고 마르크스 자신을 비롯한 모든 저자들을 포함해 존재하는 모든 것들을 "가차 없이 비판"함으로써, 진정 평등하고 민주적이고 생태적으로 지속 가능한 사회를 가장 효과적으로 건설할 수 있는 대체 경로를 깨닫기 위해 노력하는 것입니다. 마르크스 어록 중에 제가 정말 좋아하는 말이 "나는 마르크스주의자가 아니다"입니다.

이 대담에서 우리의 논의는 기후 위기 외에 대기오염과 수질오염, 생물다양성 감소 같은 다른 '지구 위험 한계선planetary boundaries'*에 대해서는 짤막하게만 언급한 것이 사실입니다. 생태사회주의 운동이 기후변화뿐 아니라 다른 주요 환경 문제들에도 상당히 주의를 기울인다는 사실을 잘 압니다. 이들의 우려에 전적으로 공감하고, 이들이 이 문제들에 관해 초점을 맞추는 부분들도 기꺼이 받아들입니다. 이 책에서 우리가 기후 위기에 집중한 것은 단지 기후 위기가 가장 시급한 사안이기 때문입니다.

🍃

기후 위기를 해결하고 공정하고 지속가능한 세계를 만들기 위한 전략의 하나인 멸종 저항Extinction Rebellion** 참여자들이 이끄는 유럽의 시민 불복종 운동이 특히 젊은이들 사이에서 급속히 확산

---

* 기후, 생물다양성, 자연환경 등을 변화시키는 인간 활동의 한계선
** 탄소 중립 달성 시기를 2050년에서 2025년으로 앞당길 것 등을 요구하는 환경단체

하고 있지만, 상당수 시민이 이에 거부감을 드러내면서 일반 대중과 거리감마저 생겨나고 있습니다. 기후 비상사태의 해결 방편으로서 대규모 시민 불복종 전략에 대한 촘스키 교수님의 견해를 들려주시겠습니까?

촘스키 여러 해 동안 시민 불복종 운동에 관여했고 그중 얼마간은 열성적으로 참여했던 사람으로서, 시민 불복종이 합리적인 전략이라고 생각합니다. 때로는 말입니다.

기후 위기 문제에 대한 견해가 확고하고 이를 세상에 드러내고 싶다는 이유만으로 시민 불복종을 선택해서는 안 됩니다. 시민 불복종 전략이 적절할 수 있지만, 그것만으로는 충분치 않습니다. 행동에 따른 결과까지 고려해야 합니다. 시민 불복종 행동이 다른 사람들이 고민하고 납득하고 참여하도록 북돋우는 방식으로 계획된 것인가요? 아니면 오히려 사람들에게 적대감을 불러일으키고, 화나게 해서, 우리가 반대하는 바로 그 일을 지지하게 만들 가능성이 더 높은가요? 전술적 고려는 종종 과소평가되는 경향이 있습니다. 소인배들이나 하는 짓이지, 나처럼 진지하고 원칙을 중시하는 사람이 할 일은 아니라고요. 전혀 그렇지 않습니다. 전술적 판단은 사람들에게 직접적으로 영향을 미칩니다. 이는 대단히 원칙에 근거한 우려입니다. "내가 옳은데 다른 사람들이 이해하지 못한다면 그 사람들만 손해지 뭐"라고 생각하는 것만으로는 충분치 않습니다. 그런 태도는 종종 심각한 해를 끼

쳐왔습니다.

사회자의 질문에 즉답을 하지 않는 이유는 보편적인 답은 없다고 생각하기 때문입니다. 답은 상황에 따라, 계획한 행동의 성격에 따라, 그리고 최대한 미리 예상해본 결과에 따라 다를 수 있습니다.

♣

폴린 교수님은 이 문제에 대해 어떤 입장이신가요?

폴린 저는 기후 위기 해결에 조금이라도 도움이 될 만한 전략은 뭐든 예외 없이 진지하게 고려해야 한다는 한마디만 덧붙이겠습니다. 여기에는 시민 불복종도 포함됩니다. 하지만 시민 불복종 행동이 가령 주중에 도로와 대중교통 체계를 마비시키는 데 성공한다면, 그건 사람들이 출근을 못하고, 부모들이 어린이집으로 아이들을 데리러 가지 못하고, 아픈 사람들이 병원을 찾지 못한다는 뜻이라는 사실 역시 감안해야 합니다. 이런 결과들은 기후 운동가들이 보통 사람들의 삶 따위는 안중에 없다는, 옳든 그르든 이미 널리 퍼진 편견을 더욱 공고하게 만듭니다. 일반 대중이 이런 생각을 굳히게 만드는 행동은 그게 무엇이든 정치적으로는 재앙이 될 수밖에 없습니다.

지금도 기후 운동가들이 전 세계 화석연료 산업의 불가피한 폐업으로 타격을 받을 노동자와 공동체를 위한 공정한 전환 계획에 진심으로 열정을 보이지 않을 때 이미 이 같은 생각들이 싹트고 있습니다. 이런 생각들은 기후 운동가들이 저소득층을 비롯한 인구 대다수에게 백 퍼센트 보조금을 지급하지 않는 탄소세를 지지할 때 더욱 공고해집니다. 이 보조금은 사람들이 그저 차를 몰거나 집에서 전기를 사용하기만 해도 맞닥뜨릴 생활비 증가를 보상해주는 것입니다. 2018년 프랑스에서 유권자들의 소리에 완전히 귀를 막은 에마뉘엘 마크롱 대통령의 탄소세 부과 방안에 반대하며 등장한 노란 조끼 운동이 바로 그런 사례의 하나입니다.

시민 불복종 전략이 진정 효과적이라는 사실이 분명해지면 당연히 우리가 사용하는 전략의 하나로 받아들입시다. 하지만 '효과적'이라는 것은 2050년까지 탄소 중립 세계경제를 구현할 수 있는 그린 뉴딜 프로젝트를 추진하는 데 성공한다는 뜻입니다.

♣

이 책의 여러 부분에서 논의했듯, 신자유주의가 여전히 위력을 떨치는 가운데 이보다 훨씬 더 위험한 네오파시스트 사회운동이 새롭게 대두하고 있습니다. 이런 상황에서 기후 위기에 맞서기 위한 근본적 차원의 정치 결집을 요구하기 위해 유권자들을 고무할 가능성은 그리 높지 않아 보입니다. 사실 기후변화가 요구하는 시급성에 걸맞은 수준으로 이에 대처해야 한다고 주장하는 쪽은 주로 젊은이들인 듯합니다. 이와 관련해 상황 반전을 통해 기후변화를 전 세계적으로 최우선 순위의 공공 의제로 끌어올리려면 어떻게 해야 한다고 생각하시나요? 촘스키 교수님부터 견해를 부탁드립니다.

촘스키 무솔리니 정권에 의해 투옥됐을 때 그람시가 "옛것은 사라져가는데 새것은 아직 태어나지 못한, 이 부재의 시간에 온갖 병리 현상들이 나타난다"고 했던 말을 요즘 들어 새삼 다시 떠올리게 됩니다. 그럴 만도 합니다. 핵심을 찌르는 말이니까요.

엘리트 집단 사이에서는 여전히 지배적 주문일지 몰라도 신자유주의는 눈에 띄게 휘청거리고 있습니다. 신자유주의가 일반 대중에게 미친 영향은 거의 모든 곳에서 혹독했습니다. 이제 미국 인구의 절반이 자산보다 부채가 많은 상태인 반면 상위 0.1퍼센트가 전체 부의 20퍼센트 이상을 차지해 하위 90퍼센트가 보유한 부에 맞먹는 가운데, 신자유주의가 민주주의의 작동과 사회복지에 직격탄을 날리면서 부가 터무니없이 집중되는 경향이 갈수록 심해지고 있습니다.

유럽에서 신자유주의의 영향은, 사회민주주의의 유산 덕에 다소 완화가 됐음에도 어떤 면에서는 더욱 심각합니다. 병리 현상이 도처에 만연한 상태입니다. 분노와 증오, 인종차별 증가, 외국인 혐오, (이민자와 소수집단, 이슬람교도 같은) 희생양에 대한 증오, 이런 공포심들을 부추기며 혼란과 절망의 시기에 고개를 드는 사회병리를 이용하는 선동정치가의 등장과 함께, 세계 무대에서는 미국의 백악관을 비롯해 볼소나로 브라질 대통령과 무함마드 빈 살만 사우디 왕세자, 알 시시 이집트 대통령, 네타냐후 이스라엘 총리, 모디 인도 총리, 오반 헝가리 총리 등으로 이어지는 반동적 국제주의가 출현했습니다. 하지만 이 같은 병리 현상들은 기후변화를 비롯한 많은 영역에서 증가하는 적극적 행동주의와 맞닥뜨리고 있습니다. 새것이 아직 태어나지 못했지만 여러 가지 복잡한 방식으로 모습을 드러내고 있어 어떤 형태를 띨지는 전혀 분명하지 않습니다.

많은 부분이 아직 예측 불가능하지만, 몇 가지는 자신 있게 말할 수 있습니다. 모습을 드러내고 있는 새것이 인류 생존을 위협하는, 쌍둥이처럼 빼닮은 두 가지 임박한 위협—핵전쟁과 환경 재앙—에 맞서지 않는다면, 그것도 빠른 시일 내에 강력하게 대응하지 않는다면, 그 밖의 다른 무슨 일이 일어난들 별다른 소용이 없게 될 것이라는 사실입니다.

폴린 교수님은 이 문제에 대해 어떻게 생각하시나요?

폴린 우선 안토니오 그람시의 적절한 경구를 하나 더 들어보겠습니다. "나의 지성은 비관적이지만, 나의 의지는 낙관적"이라는 말입니다. 우리가 기후 과학을 진지하게 받아들여 현재 세계가 처한 상황을 바라본다면, 세계를 현실성 있는 기후 안정화의 길로 이끌고 갈 가능성, 그리고 구체적으로 2050년까지 CO_2 순배출 제로 달성이라는 IPCC가 정한 목표를 달성할 가능성은 좋게 봐도 불확실합니다. 반면 마거릿 대처 전 영국 총리가 남긴 유명한 격언을 인용하자면, 이 목표들을 틀림없이 달성하기 위해 가능한 모든 일을 하는 것 외에 "다른 대안은 없습니다."*

"의지는 낙관적"이라는 부분과 관련해서는 어느 정도 중요한 돌파구들을 열어가고 있는 기후 행동주의 물결의 빠른 증가를 꼽을 수 있습니다. 가장 확실한 사례가 2019년 9월 비범한 스웨덴 청소년 활동가 그레타 툰베리가 주도한 전 세계 기후 파업 Climate Strike입니다. 150개 국 4,500개 장소에서 600~750만 명의 사람들이 다양한 활동에 참여한 것으로 추산됩니다.

기후 파업은 전 세계에서 전개된 상황 가운데 극적으로 눈에 띠는 것은 덜하더라도 중요성은 결코 덜하지 않은 여러 가지 일들이 투영된 결과입니다. 좋은 예가 스페인과 프랑스, 이탈리아 등 서부 지중해 국가들이 석유와 가스 유전 신규 탐사와 시추를 법으로 금지하고 기존 프로젝트들도 단계적으로 폐지하는 데 성공한 것입니다. 이는 모두 2016년 무렵 시작된 무척 최근의 정치적 약진입니다. 실제로 스페인의 경우 2010~2014년 글로벌 금융위기와 경기 대침체의 여파로 고통받을 때 정부 관료들이 정유

---

* 대처가 신자유주의 정책을 밀어붙이며 반대 여론을 일축하기 위해 즐겨 쓴 표현

회사들에게 국토 전역에서 신규 탐사와 시추 프로젝트를 시작하도록 1,000건이 넘는 허가증을 발급했습니다. 하지만 환경운동가들이 관광업계 경영자들과 힘을 합쳐 경기 회복 정책의 일환으로 추진된 이 화석연료 개발 계획을 저지하는 데 성공했습니다. 스페인 이비자섬의 한 공무원의 말을 빌리자면, 석유 탐사와 시추에 전 국토를 내줘 경제 위기의 영향에 대응하려던 정부의 시도는 "악몽"과도 같았습니다. 이 공무원은 "다행히 꿈에서 깨어났다"며 한숨을 돌렸습니다.[6]

서유럽 전역에서 풀뿌리 민중 차원에서 일어나고 있는 이 같은 기후 행동주의는 유럽연합 집행위원회가 유럽 그린 딜 프로젝트를 공식 수립하는 결과로 이어지기도 했습니다. 이 프로젝트의 주된 목표는 전 유럽 대륙이 2050년까지 탄소 중립 달성이라는 IPCC의 목표를 완수하는 것입니다. 2020년 초 현재 유럽연합의 양대 입법 기관인 유럽연합 집행위원회와 유럽의회 모두 유럽 그린 딜 프로젝트를 비준했습니다. 물론 입법기관이 결의안을 통과시키는 것은 그리 어려운 일이 아닙니다. 유럽인들에게 이 책무를 완수할 의지가 있는지는 좀 더 두고 봐야 할 문제입니다.

도널드 트럼프 대통령의 어릿광대 같은 기후변화 부정 행각에도 불구하고, 비슷한 움직임이 미국에서도 힘을 얻어가고 있습니다. 일례로 2019년 6월 뉴욕주는 2040년까지 무탄소 전기를 공급하고 2050년까지 탄소 중립 경제를 완성하는 내용을 포함해서 미국 내에서 가장 야심찬 일련의 기후 목표들을 승인했습니다. 뉴욕주의 뒤를 이어 지금까지 캘리포니아와 오리건, 워싱턴, 콜로라도, 뉴멕시코, 메인주가 이보다 다소 덜 도전적이지만 비슷한 내용의 조치들을 내놓았습니다.[7] 이런 진전이 이뤄진 주된 요인은 주류 노동운동의 참여가 증가한 것입니다. 일부 주의 경우는 노동조합원들이 주도적 역할을 담당했습니다. 여기서 가장 중요한 것은 이런 주 차원의 조치들이 이제는 현재 화석연료 산업에 생계를 의존하는 노동자와 공동체를 위한 실질적이고 공정한 전환 프로그램을 포함해야 한다는 점입니다. 관대하고 공정한 전환 프로그램이 없을 경우 이 노동자들과 공동체는 큰 타격을 받게 됩니다. 공정한 전환을 위한 고려 사항들을 기후 운동의 최우선 순위로 앞세움으로써, 노동조합들은 촘스키 교수님이 앞서 언급한 선구자적인 노동 지도자 토니 마조치의 업적을 기반으로 더욱 발전할 수 있습니다.

기후 운동은 전 세계 대다수 저소득 국가와 중간 소득 국가에서 여전히 그리 활발하지 않은 상태입니다. 그러나 적극적 행동주의와 함께 환경운동가들과 노동단체, 그리고 미국과 서유럽의 일부 산업 분야에서 유사한 형태의 연대가 증가함에 따라 상황이 빠르게 변화할 가능성이 충분합니다. 사람들이 결집하는 이유 가운데 하나는 대기오염의 결과 델리와 뭄바이, 상하이, 베이징, 라고스, 카이로, 멕시코시티 등 저소득 국가와 중간 소득 국가의 거의 모든 주요 도시가 사람이 살 수 없는 상태로 변하고 있기 때문입니다. 델리에서 활동하는 청년 기후 파업 활동가 아만 샤르마Aman Sharma는 2019년 9월 《가디언》과 인터뷰에서 이 문제에 대해 다음과 같이 지적했습니다. "우리는 생존권과 숨 쉴 권리, 그리고 존재할 권리를 되찾기 위해 여기 섰습니다. 환경 기준보다 산업과 금융의 목표들을 더 중시하는 무능한 정책 체계 때문에 모조리 부정당하고 있는 권리들입니다."[8]

개발도상국과 그 밖의 지역에서 이 운동을 추진할 때 중요한 요소는 기후 안정화가 세계 모든 지역에서 양질의 일자리 확대와 대중의 생활수준 향상, 빈곤 퇴치에 전적으로 부합한다는 사실을 분명히 보여주는 것입니다. 이 점이 글로벌 그린 뉴딜을 뒷받침하는 핵심 명제임을 인식할 필요가 있습니다. 현실성 있는 글로벌 뉴딜의 추진은 따라서 지구를 구하는 정치경제학을 정립하기 위해 '낙관적 의지'를 불러일으키는 수단으로 이해돼야 합니다.

글로벌 그린 뉴딜을 위한 재원 조달 체계

2024년 (투자 주기 1년차) 투자 규모

공공 및 민간 투자 : 2조 6000억 달러*

*전 세계 GDP의 2.5퍼센트

청정 에너지 투자 분야	**청정 재생에너지**	**2조 1000억 달러**
	풍력, 태양광, 지열, 소수력, 탄소 저배출 바이오 에너지	
	에너지 효율	**5000억 달러**
	건물, 교통수단, 산업용 장비, 전력망 및 배터리 저장 시스템 개선	

공적 자금 조달 : 1조 3000억 달러

탄소세 세입   **1600억 달러**

- 전체 징수액의 25퍼센트
- 75퍼센트는 소비자들에게 보조금으로 환급

국방예산 전환   **1000억 달러**

- 전 세계 군사비 지출 총액의 6퍼센트

미국 연방준비제도와 유럽중앙은행의 녹색 채권 매입   **3000억 달러**

- 금융위기 당시 연방준비제도가 월스트리트에 제공한 구제금융의 1.6퍼센트

화석연료 보조금의 25퍼센트 전환   **7500억 달러**

- 화석연료 보조금 총액: 3조 달러
- 기금의 75퍼센트를 청정에너지 가격 인하 또는 저소득 가구를 위한
  직접 소득 이전에 할애

민간 투자 장려 정책	**민간 자금 조달 : 1조 3000억 달러**		
	정부 조달		
	규제		
	• 탄소거래상한제 및 탄소세 • 전력 회사에 재생에너지 의무 공급 비율 적용 • 건물 및 교통 차량에 에너지 효율 기준 적용		
	투자 장려금		
	• 발전차액지원제도 • 개발은행 및 녹색은행을 통한 저비용 자금 지원		

출처 : 아케베 오쿠바이 Arkebe Oqubay, 크리스토퍼 크레이머 Christopher Cramer, 장하준, 리처드 코즐라이트 Richard Kozul-Wright가 엮은 『*The Oxford Handbook of Industrial Policy*』 중 로버트 폴린 'An Industrial Policy Framework to Advance a Global Green New Deal'

1. 기후변화의 본질

1 Julian Borger, "Doomsday Clock Stays at Two Minutes to Midnight as Crisis Now 'New Abnormal,'" Guardian, January 24, 2019.

2 Alexandra Bell and Anthony Wier, "Open Skies Treaty: A Quiet Legacy Under Threat," armscontrol.org, January/February 2019; Tim Fernholz, "What Is the Open Skies Treaty and Why Does Donald Trump Want It Canceled?," Quartz, October 29, 2019; Shervin Taheran and Daryl G. Kimball, "Bolton Declares New START Extension 'Unlikely,'" July/ August 2019, armscontrol.org.

3 Theodore A. Postol, "Russia May Have Violated the INF Treaty. Here's How the United States Appears to Have Done the Same," thebulletin .org, February 14, 2019.

4 Thomas Edward Mann and Norman Jay Ornstein, "Finding the Common Good in an Era of Dysfunctional Governance," Dædalus, amacad.org, Spring 2013.

5 Bradley Peniston, "The US Just Launched a Long-Outlawed Missile. Welcome to the Post-INF World," defenseone.com, August 19, 2019.

6 Anthropocene Working Group, "Results of Binding Vote by AWG, Released 21st May 2019," quaternary.stratigraphy.org.

7 Andrew Glikson, "Global Heating and the Dilemma of Climate Scientists,"

abc.net.au, January 28, 2016.

8 Raymond Pierrehumbert, "There Is No Plan B for Dealing with the Climate Crisis," Bulletin of the Atomic Scientists, 75:5, 2019, 215-21.

9 Timothy M. Lenton, "Climate Tipping Points-Too Risky to Bet Against," Nature, 575:7784, 2019.

10 "The Sixth Annual Stephen Schneider Award: Naomi Oreskes and Steven Chu," recording, climateone.org, December 15, 2016.

11 Damian Carrington, "'Extraordinary Thinning' of Ice Sheets Revealed Deep Inside Antarctica," Guardian, May 16, 2019.

12 Oded Carmeli, "'The Sea Will Get as Hot as a Jacuzzi': What Life in Israel Will Be Like in 2100," haaretz.com, August 17, 2019.

13 Carmeli, "'The Sea Will Get as Hot as a Jacuzzi.'"

14 Jeffrey Sachs, "Getting to a Carbon-Free Economy," American Prospect, December 5, 2019.

15 Sondre Båtstrand, "More than Markets: A Comparative Study of Nine Conservative Parties on Climate Change," Politics and Policy, 43:4, 2015.

16 "Pompeo Says God May Have Sent Trump to Save Israel from Iran," BBC.com, March 22, 2019.

17 John R. Bolton, "To Stop Iran's Bomb, Bomb Iran," New York Times, March 26, 2015.

18 Lisa Friedman, "Trump Rule Would Exclude Climate Change in Infrastructure Planning," New York Times, January 3, 2020.

19 Livia Albeck-Ripka, Jamie Tarabay, and Richard Pérez-Peña, "'It's Going to Be a Blast Furnace': Australia Fires Intensify," New York Times, January 2, 2020; "Anthony Albanese Backs Australian Coal Exports ahead of Queensland Tour," sbs.com.au, September 12, 2019; Sarah Martin, "Australia Ranked Worst of 57 Countries on Climate Change Policy," Guardian, December 10, 2019.

20 Tal Axelrod, "Poll: Majority of Republicans Say Trump Better President than Lincoln," The Hill, November 30, 2019.

21 Jacob Mikanowski, "The Call of the Drums," Harper's Magazine, August 2019.

22 Intergovernmental Panel on Climate Change, ipcc.ch

23 Alexander Petersen, Emanuel Vincent, and Anthony Westerling, "Discrepancy in Scientific Authority and Media Visibility of Climate Change Scientists and Contrarians," Nature Communications 10:1, 2019, 1-14.

24 Gernot Wagner and Martin Weitzman, Climate Shock: The Economic Consequences of a Hotter Planet (Princeton, NJ: Princeton University Press, 2015), 74-5.

25 Wagner and Weitzman, Climate Shock, 55.

26 Economists' Statement on Carbon Dividends Organized by the Climate Leadership Council, econstatement.org.

27 Mark Lynas, "Six Steps to Hell," Guardian, April 23, 2007. 이 기사는 Lynas 가 2007년 펴낸 저서 Six Degrees: Our Future on a Hotter Planet에 기초해 쓰였다.

28 IPCC, Climate Change and Land: Summary for Policymakers, 2019. p.8~10.

29 ILO, World Employment and Social Outlook 2018: Greening with Jobs, Geneva, ilo.org, p. 45.

30 Noriko Hosonuma et al., "An Assessment of Deforestation and Forest Degradation Drivers in Developing Countries," Environmental Research Letters 7:4, 2012.

31 Rod Taylor and Charlotte Streck, "The Elusive Impact of the Deforestation-Free Supply Chain Movement," World Resources Institute, June 2018.

32 Stibniati Atmadja and Louis Verchot, "A Review of the State of Research, Policies and Strategies in Addressing Leakage from Reducing Emissions from Deforestation and Forest Degradation (REDD+)," Mitigation and Adaptation Strategies for Global Change 17:3, 2012.

33 "How Clean Is Your Air?," stateofglobalair.org.

34 James K. Boyce, Economics for People and the Planet: Inequality in the Era of Climate Change (London: Anthem Press, 2019), 59-60.

35 Boyce, Economics for People and the Planet, 67.

2. 자본주의와 기후 위기

1 Andrew Restuccia, "GOP to Attack Climate Pact at Home and Abroad," Politico, September 7, 2015.

2 Ben Geman, "Ohio Gov. Kasich Concerned by Climate Change, but Won't 'Apologize,' for Coal," Hill, May 2, 2012.

3 Christopher Leonard, Kochland: The Secret History of Koch Industries and Corporate Power in America (New York: Simon & Schuster, 2019), 394.

4 Christopher Leonard, "David Koch Was the Ultimate Climate Change Denier," New York Times, August 23, 2019.

5 Leonard, "David Koch"; "'Kochland': How David Koch Helped Build an Empire to Shape US Politics and Thwart Climate Action," Democracy Now!, August 27, 2019.

6 Lisa Friedman, "Climate Could Be an Electoral Time Bomb, Republican Strategists Fear," New York Times, August 2, 2019; Pew Research Center, "Majorities See Government Efforts to Protect the Environment as Insufficient," pewresearch.org, May 14, 2018; Nadja Popovich, "Climate Change Rises as a Public Priority. But It's More Partisan Than Ever," New York Times, February 20, 2020.

7 Isaac Cohen, "The Caterpillar Labor Dispute and the UAW, 1991- 1998," Labor Studies Journal 27:4, 2003.

8 Drew Desilver, "For Most US Workers, Real Wages Have Barely Budged in Decades," pewresearch.org, August 7, 2018.

9 Dwight Eisenhower, Speech to the American Federation of Labor, New York City, September 17, 1952, eisenhowerlibrary.gov.

10 Connor Kilpatrick, "Victory over the Sun," Jacobin, August 31, 2017; Derek Seldman, "What Happened to the Labor Party? An Interview with Mark Dudzic," Jacobin, October 11, 2015.

11 John Bellamy Foster, "Marx's Theory of Metabolic Rift: Classical Foundations for Environmental Sociology," American Journal of Sociology 105:2, 1999.

12 Paul Bairoch, Economics and World History: Myths and Paradoxes (Chicago: University of Chicago Press, 1995), 54.

13 Dana Nuccitelli, "Millions of Times Later, 97 Percent Climate Consensus Still Faces Denial," thebulletin.org, August 15, 2019.

14 Ben Elgin, "Chevron Dims the Lights on Green Power," Bloomberg Businessweek, May 29, 2014

15 Michael Corkery, "A Giant Factory Rises to Make a Product Filling Up the World: Plastic,"

16 Graham Fahy, "Trump Refused Permission to Build Wall at Irish Seaside Golf Course," reuters.com, March 18, 2020.

17 Juliet Eilperin, Bardy Ennis, and Chris Mooney, "Trump Administration Sees a 7-Degree Rise in Global Temperatures by 2100," Washington Post, September 28, 2018.

18 Neil Barofsky, Bailout: An Inside Account of How Washington Abandoned Main Street While Rescuing Wall Street (New York: Free Press, 2012).

19 The Next System Project, thenextsystem.org.

20 Patrick Greenfield and Jonathan Watts, "JP Morgan Economists Warn Climate Crisis Is Threat to Human Race," Guardian, February 21, 2020.

21 Kimberly Kindy, "Jeff Bezos Commits $10 Billion to Fight Climate Change," Washington Post, February 17, 2020.

22 Andreas Malm, "The Origins of Fossil Capital: From Water to Steam in the British Cotton Industry," Historical Materialism 21:1, 2013, 35.

23 Malm, "The Origins of Fossil Capital," 33-4.

24 마르크스, 엥겔스 『공산당 선언 The Communist Manifesto』, ed. L. M. Findlay (Peterborough, ON: Broadview Editions, 2004), 65.』

25 Credit Suisse Research Institute, Global Wealth Report 2019, credit-suisse. com.

26 Noah Buhayar and Jim Polson, "Buffett Ready to Double $15 Billion Solar, Wind Bet," Bloomberg Business, June 10, 2014.

27 Andrew Bossie and J. W. Mason, The Public Role in Economic Transformation: Lessons from World War II, Roosevelt Institute, March 2020.

3. 글로벌 그린 뉴딜

1   1865년 윌리엄 스탠리 제본스William Stanley Jevons가 처음 발견한 바와 같이 에너지 효율 향상은 '반동 효과rebound effect'를 불러일으킬 수도 있다. 즉, 에너지 비용이 감소할수록 에너지 소비가 증가하는 것이다. 하지만 폴린이 간략하게 요약했듯 CO_2 배출량 감축과 기후 안정화에 역점을 두는 현재의 글로벌 프로젝트의 맥락 안에서 이 같은 반동 효과는 그리 크지 않을 전망이다. 다른 요인들보다도 선진 경제의 에너지 소비 수준은 가전 기기와 조명 사용에서 포화 단계에 근접한 데다, 차량 사용과 냉난방의 경우 평균 반동 효과는 10~30퍼센트에 그칠 것으로 예상된다. 당연히 평균 반동 효과는 개발도상국에서 훨씬 크게 나타날 것으로 예상된다. 따라서, (뒤에서 논의하겠지만) 모든 에너지 효율 개선에 탄소 배출에 가격을 매겨 화석연료 소비를 억제하는 등의 보완적인 정책들을 덧붙이는 것이 중요하다. 또한 청정 재생에너지 공급 확대는 CO_2 배출량 증가를 초래하지 않고도 더 높은 규모의 에너지 소비를 가능케 할 전망이다. Robert Pollin, Greening the Global Economy (Cambridge, MA: MIT Press, 2015), 40-5.

2   마라 프렌티스는 2019년 12월 5일 《아메리칸 프로스펙트》에 기고한 「탄소 제로로 가는 기술 경로The Technical Path to Zero Carbon」에서 이 문제에 대해 짧지만 값진 논의를 제공한다.

3   See Alicia Valero et al., "Material Bottlenecks in the Future Development of Green Technologies," in Renewable and Sustainable Energy Reviews 93, 2018, 178-200.

4   Pieter van Exter et al., Metal Demand for Renewable Electricity Generation in the Netherlands: Navigating a Complex Supply Chain, Copper8, 2018.

5   Troy Vettese, "To Freeze the Thames," New Left Review 111, 2018, 66.

6   Prentiss, "The Technical Path to Zero Carbon."

7   Mark G. Lawrence et al., "Evaluating Climate Geoengineering Proposals in the Context of the Paris Agreement Temperature Goals," Nature Communications 9:1, 2018, 1-19.

8   "Global Effects of Mount Pinatubo," Earth Observatory, earthobservatorynasa.gov.

9   Lawrence et al., "Evaluating Climate Geoengineering Proposals," 13-14.

10 James Hansen et al., "Nuclear Power Paves the Only Viable Path Forward

on Climate Change," Guardian, December 3, 2015.

11 International Energy Agency, World Energy Outlook 2019, iea.org, 91.

12 US Energy Information Administration, "Nuclear Explained," eia.gov.

13 Rachel Mealey, "TEPCO: Fukushima Nuclear Clean-Up, Compensation Costs Nearly Double Previous Estimate at $250 Billion," abc.net.au, December 16, 2016; "FAQs: Health Consequences of Fukushima Daiichi Nuclear Power Plant Accident in 2011," World Health Organization, who.int.

14 US Energy Information Administration, "Levelized Cost and Levelized Avoided Cost of New Generation Resources in the Annual Energy Outlook 2020," eia.gov, February 2020.

15 IEA, World Energy Outlook 2019, 91.

16 전체 배출량에 관한 좋은 자료 Hannah Ritchie and Max Roser, "CO₂ and Greenhouse Gas Emissions," ourworldindata.org, first published May 2017, revised in 2019.

17 David Roberts, "Wealthier People Produce More Carbon Pollution- Even the 'Green' Ones," vox.com, December 1, 2017.

18 James K. Boyce, Economics for People and the Planet, 7.

19 World Meteorological Organization, State of the Global Climate 2019, public.wmo.int.

20 "Quick Facts: Hurricane Maria's Effect on Puerto Rico," mercycorps .org; Associated Press, "Hurricane Death Toll in Puerto Rico More Than Doubles to 34, Governor Says," Guardian, October 3, 2017.

21 Vernon W. Ruttan, Is War Necessary for Economic Growth? Military Procurement and Technology Development (Oxford University Press, 2006).

22 탄소 배당제 carbon dividends를 통한 분배 문제의 효과적 해결책에 대해서는 Boyce, Economics for People and the Planet. 전 세계 경제를 위해 평등한 탄소 배당제 프로그램에 대한 아자드와 차크라보티의 상세한 설명은 Rohit Azad and Shouvik Chakraborty, "The 'Right to Energy' and Carbon Tax: A Game Changer in India," Ideas for India, 2019.

23 Preston Teeter and Jörgen Sandberg, "Constraining or Enabling Green Capability Development? How Policy Uncertainty Affects Organizational

Responses to Flexible Environmental Regulations," British Journal of Management 28:4, 2017, 649-50.

24 Robert Pollin, Heidi Garrett-Peltier, and Jeannette Wicks-Lim, Clean Energy Investments for New York State: An Economic Framework for Promoting Climate Stabilization and Expanding Good Job Opportunities, Political Economy Research Institute, 79-80.

25 James Boyce, The Case for Carbon Dividends (Cambridge, UK: Polity Press, 2019).

26 아자드와 차크라보티는 국가별 탄소 배출 규모에 따라 주민들에게 보상을 하는 보다 복잡한 보조금 체계를 발전시켰다. Azad and Chakraborty, "The 'Right to Energy.'"

27 "World Military Expenditure Grows to $1.8 Trillion in 2018," sipri.org, April 29, 2019.

28 Better Markets, The Cost of the Crisis, bettermarkets.com, July 2015. 이 책의 편집을 마감하는 시점에서 연방준비제도는 코로나19 대유행병으로 인한 미국과 전 세계 경제 붕괴에 대응하기 위해 훨씬 더 많은 액수의 자금을 투입하겠다고 밝히고 있다.

29 Martin Sandbu, "Lagarde's Green Push in Monetary Policy Would Be a Huge Step," Financial Times, December 2, 2019.

30 David Coady et al., "How Large Are Global Fossil Fuel Subsidies?," World Development 91, 2017. 이 연구는 화석연료 직접 보조금을 '세전 pre-tax' 보조금과 '세후 post-tax' 보조금 두 가지로 구분했다. 저자는 세후 보조금을 지구온난화 피해, 대기오염 피해와 함께 교통 정체, 사고, 도로 손상 등의 차량 외부 효과를 포함하는 것으로 정의하고, 이 보조금이 전 세계 GDP의 약 6퍼센트에 달하는 것으로 추산했다. 이는 매우 유용한 계산이다. 그러나 재원 조달에 관한 이 논의의 목적상 일반적이고 훨씬 더 좁게 정의된 기준인 세전 보조금이 더 직접적인 관련이 있다.

31 Stephany Griffith-Jones, "National Development Banks and Sustainable Infrastructure; the Case of KfW," Global Economic Governance Initiative, 2016, 4. 그리피스-존스의 결론은 다른 연구자들과 완벽하게 일치한다. 일례로 2013년 에너지 효율 시장에 대한 보고서에서 IEA는 "독일이 에너지 효율 분야에서 세계를 선도하고 있다. 독일의 국책 개발은행 KfW는 건물과 산업의 에너지 효율 개선 수단 투자를 위한 대출과 보조금 제공에서 결

정적 역할을 수행하면서, 거액의 민간 자금이 조성되는 데도 영향을 미쳤다"고 결론내렸다. International Energy Agency, Energy Efficiency Market Report 2013, 149.

32 Stephen Spratt and Stephany Griffith-Jones with Jose Antonio Ocampo, "Mobilising Investment for Inclusive Green Growth in Low-Income Countries," enterprise-development.org., May 2013. 아자드와 차크라보티는 인도에서 재생에너지 공급 확대를 급속히 진행하기 위한 계획을 제안한다. 이 제안은 탄소세를 포함하는데, 세금으로 거둬들인 수입을 청정 재생에너지 투자에 투입해 상당수가 여전히 전기가 들어오지 않는 곳에 사는 저소득 지역사회에 무료로 전기를 공급하는 방안이다. Rohit Azad and Shouvik Chakraborty, "Green Growth and the Right to Energy in India," Energy Policy, 2020.

33 "Extreme Carbon Inequality: Why the Paris Climate Deal Must Put the Poorest, Lowest Emitting and Most Vulnerable People First," Oxfam Media Briefing, December 2, 2015.

35 앞서 아자드와 차크라보티가 제안한 접근법에 더해 Chancel과 Piketty가 설명하는 실행 가능한 다양한 접근법들은 Lucas Chancel and Thomas Piketty, Carbon and Inequality: From Kyoto to Paris, Paris School of Economics, November 3, 2015.

35 Robert Pollin and Brian Callaci, "The Economics of Just Transition: A Framework for Supporting Fossil Fuel-Dependent Workers and Communities in the United States," Labor Studies Journal, 44:2, 2019.

36 Lorraine Chow, "Germany Converts Coal Mine into Giant Battery Storage for Surplus Solar and Wind Power," EcoWatch, March 20, 2017.

37 가령 강조와 수사를 논외로 하면, 팀 잭슨과 피터 빅터의 견해에 동의하지 않는 부분이 거의 없다. Tim Jackson and Peter Victor, "Unraveling the Claims for (and against) Green Growth," Science 366:6468, 2019. 잭슨과 빅터는 탈성장을 지지하는 대표적 경제학자들이다.

38 Herman Daly and Benjamin Kunkel, "Interview: Ecologies of Scale," New Left Review 109, 2018.

39 Sumiko Takeuchi, "Building toward Large-Scale Use of Renewable Energy in Japan," japantimes.co.jp, July 8, 2019.

40 Aimee Picchi, "Total Trump Food-Stamp Cuts Could Hit up to 5.3 Million

Households," CBS News, December 10, 2019.

41 사실 이 책을 편집하는 2020년 4월 중순 현재 미국의 실업률은 신종 코로
    나바이러스 감염증의 대유행과 이에 따른 경제 붕괴로 인해 급격히 치솟았
    다. 3월 후반 2주와 4월 첫 주 동안 최초 실업보험금 청구 건수는 미국 전체
    노동 인구의 14퍼센트에 육박하는 2190만 건에 달했다. 이는 1930년대 대
    공황 이후 볼 수 없었던 실업률로, 대공황 기간에도 실업률 증가는 현재 우
    리가 경험하는 것처럼 급작스럽게 발생하지는 않았다. 그럼에도 불구하고
    이 전례 없는 경험으로부터 신뢰할 만한 개괄적 결론을 이끌어내기는 현재
    로서는 너무 이르다.

42 스페인과 남아프리카공화국의 이 수치 역시 신종 코로나바이러스 감염증
    대유행병이 이 나라의 고용 상황에 미친 영향을 반영하지 않은 것이다.

43 Rémi Carayol, "Agadez, City of Migrants," mondediplo.com, June 2019.

44 Azam Ahmed, "Women Are Fleeing Death at Home. The US Wants to
    Keep Them Out," New York Times, August 18, 2019; Kevin Sieff, "Trump
    Wants Border-Bound Asylum Seekers to Find Refuge in Guatemala
    Instead. Guatemala Isn't Ready," Washington Post, August 16, 2019.

45 Piero Gleijeses, Politics and Culture in Guatemala (Ann Arbor: University
    of Michigan Press, 1988).

4. 지구를 구하는 정치 결집

1 International Energy Agency, World Energy Outlook 2019, iea.org, 751.

2 "What's in President Trump's Fiscal 2021 Budget?," New York
   Times, February 10, 2020.

3 Greenfield and Watts, "JPMorgan Economists Warn Climate Crisis
   Is Threat to Human Race."

4 Sonia Shah, "Think Exotic Animals Are to Blame for the
   Coronavirus? Think Again," Nation, February 18, 2020.

5 "A Conversation on COVID-19 with Dr. Aaron Bernstein, Director
   of Harvard C-CHANGE," Center for Climate, Health, and the Global
   Environment, Harvard T. H. Chan School of Public Health, hsph.harvard.
   edu.

6   Eurydice Bersi, "The Fight to Keep the Mediterranean Free of Oil Drilling," Nation, March 24, 2020.

7   David Roberts, "New York Just Passed the Most Ambitious Climate Target in the Country," vox.com, July 22, 2019.

8   Sandra Laville and Jonathan Watts, "Across the Globe, Millions Join Biggest Climate Protest Ever," Guardian, September 20, 2019.